普丁的國家

揭露俄羅斯真實面紗的採訪實錄

Putin Country

A Journey into the Real Russia

安娜・葛瑞兒(Anne Garrels)

楊芩雯 譯

如果你想了解普丁治理下的俄羅斯，讀這本書。安娜・葛瑞兒深入探查俄國內陸地區，徵召面貌多元的真正俄國人加入陣容，展示普丁現象為何發生，他如何維繫支持度，以及他的掌權可能造成什麼威脅。

——比爾・凱勒（Bill Keller），曾任《紐約時報》駐莫斯科主任

二十多年前，安娜・葛瑞兒開始造訪曾為「機密」的車里雅賓斯克，這座城市由於其軍事和工業設施而對外國人封閉。彷彿蒙受苦難已久城市中的礦工，她深深挖掘人們的生活，而且她持續回訪與之交談，把他們從蘇聯人民到新俄羅斯公民的轉變記錄下來。藉著優秀的新聞採訪能力，葛瑞兒幫助我們了解仍處於轉變中人民的複雜情緒，試圖定義出做為一個俄國人代表的意義。

——吉兒・道格蒂（Jill Dougherty），曾任CNN外交新聞海外特派員

《普丁的國家》是一本精采的書寫。替你省下一趟前往車里雅賓斯克的旅程——安娜・葛瑞兒把今日俄國的塵垢與浮華、遺絮與心碎呈現給你，而且這一切皆無需辦理簽證！

——史蒂芬・謝斯塔諾維奇（Stephen Sestanovich），曾於蘇聯時期擔任美國無任所大使（一九九七至二〇〇一年）

安娜・葛瑞兒對俄國內陸地區的扣人心弦描述，構成一本迷人的書。不一樣的俄羅斯躍然紙上，有別於多數觀察家自莫斯科和聖彼得堡所見。想了解普丁治理下的俄國，這是必備讀物。

——傑克・F・邁特羅克二世（Jack F. Matlock JR.），曾任美國駐蘇聯大使（一九八七至一九九一年）

目次

第一章　亂象　7
第二章　穩定　19
第三章　認同　35
第四章　計程車司機　51
第五章　同志生活　65
第六章　俄羅斯家庭　73
第七章　頑強的父母　87
第八章　醫生　101
第九章　毒癮　113
第十章　校舍和軍營　125

第十一章　信徒　143
第十二章　穆斯林社群　161
第十三章　人權分子　179
第十四章　法醫專家　195
第十五章　言論自由　211
第十六章　核子夢魘　229
第十七章　改變中的地景　247
第十八章　紅色警戒線　263
誌謝　269

第一章　亂象

二〇一三年隆冬的一個早晨，俄羅斯城市車里雅賓斯克（Chelyabinsk）被天空中的白色閃光暫時遮蔽了視線。白光使黎明發亮，在地平線上劃出弧線，拖曳一縷煙霧。三十一號學園的學生掩著鼻子到教室窗邊看這道「不真實的光」，幾分鐘後發生劇烈爆炸。堅固的窗戶僅僅震動些許，然而整座城市的窗玻璃和電視螢幕卻因而碎裂，碎片四散飛射。汽車警報器鳴響，有一座鋅工廠的天花板半塌。大約一千二百人因落下的碎片受傷，出乎意料的是無人送命。

驚人的影像立刻湧上網路，由架設在儀表板上的汽車錄影鏡頭記錄下來。這些常見的設備原本用於錄下本地頻傳的交通意外事故，以索取保險賠償。這次它們錄下的是一顆寬度達六英尺[1]的流星落向地面的結果，它在未受察覺的情況下以約四萬兩千英里的時速逼近——

每秒十二英里[2]。在車里雅賓斯克地區上方二十八英里的位置，它開始炸裂，爆炸能量約等同五百公噸的黃色炸藥，是廣島原子彈威力的三十倍。火球迸出最強烈的光比太陽亮三十倍，科學家說它是自一九〇八年至今撞上地球最大的石塊，當時另一顆流星墜入西伯利亞的通古斯河（Tunguska River）。

鄉間遍地降下碎片，最大的一塊把車巴爾庫爾湖（Lake Chebarkul）上厚冰撞出圓形巨洞，此處距離地區首府車程數小時。那裡沒聽聞隆隆響聲，只見一道閃光。附近東正教會裡的禮拜者繼續他們的儀式。在結冰湖面打瞌睡的冰上漁夫，從濕溽的白日夢中驚醒，不過無論掉落的是何物，很快就消失於湖水深處，只留下一個豁開大洞。

八個月後潛水夫找到一塊半噸重的隕石，在拉出湖面的過程中裂成三塊，最大的一塊如今安置在當地博物館的樹脂玻璃圓罩下。與烏拉山脈（Urals）本地的多彩岩石相比，如閃爍綠輝的孔雀石和深紫色的紫龍晶，隕石殘骸色澤暗沉，表面形成多處凹陷，原有的物質在它的不凡旅程中遭到削融。

迷信者和宗教人士試圖為這起罕見事件尋找某些意涵。愛嚼舌根的人暗示，總統弗拉基米爾．普丁（Vladimir Putin）任命的州長[3]是長期遭貪汙指控的對象，他犯下的罪孽由此指明。所有人一致認同，位於莫斯科東方一千英里的砂礫工業地帶車里雅賓斯克又出名了，總算有一次原因不是人為的問題。由於一度保密的一樁核能意外，以及充塞的工業廢氣，車里雅賓斯克被視為地球上汙染最嚴重的一個地區，承受諸多不光采。然而居民懷抱某種驕傲和敬畏來看待這起自然事件，聲稱為「太空隕石」的買賣立刻興盛起來。有座地方巧克力工廠推出豪華隕石禮盒。

車里雅賓斯克從一九九三年就在我的關注雷達範圍內，那是蘇維埃社會主義共和國聯盟解體的兩年後，當時新近獨立的俄羅斯正力爭生存。我在蘇聯以及新的俄羅斯擔任記者好一陣子，當時是全國公共廣播電台（National Public Radio，簡稱ＮＰＲ）[4]的駐莫斯科特派員。如同任何一位俄國人會告訴你的，莫斯科不是俄羅斯，而在一九九〇年代這座全國最富裕和最有權勢的城市明顯跑到更前頭。莫斯科不僅是首都和政府所在地，也是金融、商業、文化和娛樂中心——把華盛頓、紐約、芝加哥和紐約全捆成一座城市。但是俄國大多數人民住在別處，成員包括多種民族。散布在一片遼闊大地，他們對龐大的莫斯科都市又敬又恨。我決定得找一個遠離首都環城公路的地方，在那裡我才能跟著這群新俄國人，了解他們如何

1 約一八三公分。（編按：本書所有隨頁註皆為譯者註）
2 約為時速六萬七千六百公里，或每秒十九公里。
3 指車里雅賓斯克州州長。俄羅斯是由聯邦主體組成的國家，聯邦主體有多種分類，包括州、共和國、邊疆區、民族自治區、聯邦直轄市、自治州；車里雅賓斯克是位於烏拉爾聯邦管區的一州。
4 於一九七一年在美國開播，擁有政府與私人資金，以非營利方式獨立經營，節目以新聞和文化類為主。

挑選路徑，穿越政治、種族、社會和經濟地震後的碎石瓦礫。

我決心聚焦在一個首都以外的地帶，此前考慮了許多城鎮和地區，最後則讓命運來決定。因為手邊沒有飛鏢，我往辦公室裡一張俄羅斯大地圖丟了一根削尖的鉛筆。落點接近地圖中央，在一個地區上留下小裂口。如同這個國家的大多數地方，這地區長久封閉不見外國人，最近卻向全世界敞開門戶。基於我默默發誓前往鉛筆落下的任何地點，我與車里雅賓斯克市和同名的周遭地區，關係就此綁定。此後我定期造訪車里雅賓斯克，那裡確實變成我的第二個家。

車里雅賓斯克地區擁有奧地利的幅員以及僅僅三百萬人口，坐落於烏拉山脈的南緣。「山脈」這個字有點使用不當，經歷多年的磨刷，如今它們實際上只比小土丘高一些，形成與西方的分界，區隔俄羅斯的「歐洲」地區和西伯利亞。同時遠離莫斯科和太平洋，此地人民驕傲地生活在他們稱為俄羅斯屋脊之處，富藏礦物和煤，多森林、田野與湖泊。他們相信自己在戰時與承平之際支撐著國家，可是代價不菲，而這地區仍受到歷史蹂躪的不公待遇。

那段歷史反覆上演。當數千名莫斯科中產階級在二〇一〇年和二〇一二年上街抗議選舉舞弊、貪汙和瀆職，國內其他地方仍然相當靜默。派駐莫斯科的國際媒體大肆報導首都的抗議聲浪，卻忽視了國家的內陸地區。在那些日子裡，假如你閱讀西方媒體，你會相信這個國家正面臨造反邊緣。

外國人的盲目加強了我繼續追蹤車里雅賓斯克地區動態的決心。如同俄國大多數地方，這裡是普丁的國家，而在我書寫的同時，事態只有變得更加真確，原因眾多且紛雜。

多數人痛苦地謹記他們在一九九〇年代稱呼的「無政府主義」，蘇聯崩解後，隨之而來的是目無法紀與生活水平低落。人們渴求穩定和一股國族自尊，而他們相信普丁總統能加以實現。他們想望一個值得人們敬愛的國家。許多人憎恨西方，他們指為偽善且傲慢。難以找到任何人在現狀裡看出另一種可能；勉強的自滿是更常見的情況。反對者遭到分化，沉寂且畏懼。

我在一九九三年初抵時，車里雅賓斯克是個令人沮喪的地方，一旦莫斯科傳出變化，絕望、希望和恐懼在此地人民心中輪番上演。這整個地區從一九三〇年代開始對外國人封閉，因為有「機密的」軍事和工業設施。那些由國家擁有、受國家掌控的龐然大物，動輒雇用成千上萬人，如今置身最受崛起中市場經濟威脅的俄國機構行列。突然間車里雅賓斯克地區成為世界的一部分。一下子脫離了政府補助，缺乏「具有競爭力」的必要建設和秩序，此地的工廠需要重大改造與投資。考量到國內的混亂與本地缺乏資金，這必得是來自西方的挹注，對此他們一無所知。「營利」和「破產」是新的流行術語，全國風行一整套新的詞彙和觀念，而一如俄國大部分地區，車里雅賓斯克還來不及做好準備。

我是第一批前往這座城市的外國人，政府官員因欠缺「令人滿意的」住宿處而感到為難。那裡沒有國際旅行社（Intourist）[5]經營的旅館，它們破舊且索價過高，在國內開放的城市裡接待外國旅客。僅有的旅館甚至更加破敗，不定時供應暖氣和熱水，所以當地政府堅持要我留宿昔日的共產黨招待所。招待所只稍稍好些，配備標準的狹窄單人床、剝落的壁紙和粉紅色尼龍窗簾——以及蘇維埃消毒水和香菸的獨特味道，這種味道仍舊瀰漫全國。

新的餐廳和賭場已於莫斯科開設，但是在車里雅賓斯克尚未發生。零星私人俱樂部開始服務手上有現金的一小群人，那些地方沒掛出任何招牌，你得知道俱樂部開在何處。顧客主要是身穿黑襯衫、繫黑領帶的男人，身旁跟著從不口吐半個字的可人兒，看似剛從一部糟糕的幫派電影裡走出來。這些本地人被稱為「黑幫」——迅速得到採用的新詞，用以形容新的犯罪幫派，靠著在全城運作非法保護行徑來賺錢，勒索少數興起的私人生意店鋪，以及尚存的工廠。城市的警察部門首長承認，他的人手在火力與謀略均屈居下風，或是與黑幫共謀。

車里雅賓斯克上方的天空清澈，不見有人警告我的刺鼻煙霧，可是新近出現的乾淨空氣既是寬慰也是威脅。這代表幾乎所有當地人仰賴的鋼鐵、化學和武器工廠正處於停工。工人沒拿到薪水，或是收到離奇的物品抵償薪資，例如水晶花瓶和工業用管線，那是他們的工廠在以物易物的交易裡換來的物品。許多擁有上千員工的最大型工廠，過去供應俄國軍隊粗製濫造且昂貴的物資，僅有倒閉一途。掌管工廠的那群人私吞他們賣得掉的任何事物，所得多半進了自己的口袋。

即使以蘇聯標準來看，生活條件仍屬惡劣不堪的礦工威脅要罷工。醫院耗盡基本日用物資，仰賴不定期的西方援助。食糧短缺，在每一張椅子、床鋪或沙發底下，藏著人們設法種植、裝瓶、乞討、交換或偷來的食物。國內生產毛額在一九九一至一九九五年間下跌百分之三十四，比美國在經濟大蕭條時期[6]的跌幅更大，而衰退對於像車里雅賓斯克這樣的城市打擊最劇烈。市長擔憂遽增的失業人口、動盪不安，以及會使城市陷入一片黑暗且挨凍的預算危機。他最糟的惡夢雖並未成真，但僅是擦身而過。雖然冬季氣溫經常盤旋於華氏零度[7]以下，但一九九三年反常的暖冬使車里雅賓斯克市的暖氣開支大幅縮減，老天伸出亟需的援手。工廠接到命令要盡可能雇用工人，儘管他們未能按時領薪。

***

如同俄國許多城市，車里雅賓斯克圍繞著使城市奠基的工廠而組成，從多方面來看，工

5 國際旅行社是蘇聯官方的旅遊機構，成立於一九二九年，旗下旅館中最有名的莫斯科Intourist旅館已遭收購重建。

6 指美國始自一九二九年的經濟衰退，最終影響全球經濟。一九二九年至一九三三年間，美國的國內生產毛額下跌百分之三十。

7 約攝氏零下十八度。

廠即是自給自足的小城市，它們擁有自營的公寓大樓、醫院、診所和托兒中心。如今這些設施回歸地方政府，而政府無能應對，回過頭來告訴居民可以私有化他們的住處。入住政府房舍的幸運兒突然間成為屋主，儘管大多數人不清楚那意味著什麼，除了那些有犯罪傾向的人。由於缺乏信用貸款，所以並不存在真正的房地產市場——賺進大把現鈔的人除外。幫派分子欺凌老年人，哄騙或殺害他們以奪取老人的一房公寓。與此同時，國家不再提供房舍給排在等待名單上的人，家中有數代同堂的年輕人往往陷入困境。

對於少數人來說，一九八〇年代晚期與一九九〇年代是一段出乎意料且發生正向改變的振奮時光。新時代給與賺錢與導正陳規新陋的機會。昔日藏於窄仄廚房裡的深夜爭論，如今成為公開對話。你問任何人的第一個問題是「你讀了什麼？」——雖然青少年很快厭倦了應接不暇的史達林時代回憶錄，且更受到市場上滿坑滿谷的盜版影音光碟所吸引。在電視上，防水閘門已升起，墨西哥肥皂劇和英國偵探影集成為恆常的主要內容。當電視節目「眺望」[8]在週五夜晚上映，街道顯得空蕩，彷彿人們全置身最新的政治動亂。有個砲火猛烈的諷刺節目叫「木偶人」，每一個人都在節目裡被取笑過。在最初那幾年不可能阻卻人們談論，但是對許多人而言，新的自由帶來的創傷與愉悅等同。他們所知曉與仰賴的一切全都消失無蹤。

即使在今日，鮮少西方人完全理解，步伐蹣跚的酒醉總統終於在一九九九年底辭職之時，鮑里斯・葉爾欽（Boris Yeltsin）[9]和他那幫西化且擁戴西方的顧問有多麼不受歡迎。經過一段與西方世界的蜜月期，當時眾多俄國人愛上美國，但在那之後事態卻不如預期，他們感受到一個受遺棄戀人的所有苦澀和憤怒。當西方和葉爾欽團隊主張私有化計畫的必要，將國家的資產交到或能使其運轉的人民手上，大部分俄國人卻只看見封閉的神祕拍賣、內部交易、騙局、街頭犯罪，以及一群享有特權的巨賈富商興起，其中許多人憑藉私藏的共產黨資金取得經濟力量。所有工人得到的是幾張私有化憑證，也就是股份。在餵養家庭的絕望處境下，多數人立即低價賣掉手中股份，買主是不知何故擁有現金的那群人。

由於金錢集中流向莫斯科，城裡街道變得塞滿外國汽車，車里雅賓斯克的顛簸道路仍然未見車流，生鏽的日古利（Zhiguli）和伏爾加（Volga）[10]汽車是主要交通工具。非正式的戶外市集取代了國營店鋪，在這些市集裡，裹得緊實以抵抗寒冷的本地人，交易著能賺取幾個盧布的任何物品——手縫衣物，來自中國和土耳其的未完稅便宜進口貨，以及來源可疑的建材。由於劇烈的通貨膨脹，人們把所得帶往市面上突然出現，有幾十家販售美元的匯兌所，隨後再把美元壓在床墊下。每一個人都在監看每日的美元匯率。所有人全變成巧妙的匯兌投

8 俄文為Vzglyad，自一九八七年開播，節目內容意在窺探蘇聯的政治。

9 葉爾欽於一九九一年獲選為俄羅斯聯邦第一任總統，大力推動資本主義，後因國內經濟崩盤與政治分裂，宣布辭職時僅剩百分之二的支持率。

10 日古利和伏爾加都是蘇聯時代的國產車。

機者，以保護他們僅有的微薄財產。這過程既費力且令人洩氣。

對住在車里雅賓斯克、以及身處俄國其他地方的許多人來說，民主和「改革」已經變成飢餓、犯罪與社會服務急遽惡化的同義詞。最賺錢的其中一種生意是替住家加裝強化金屬門與三重鎖，為增長的竊盜和暴力事件提供防護。從跟隨西方喜好中醒悟過來，驅使車里雅賓斯克人民攆走總統葉爾欽看中的一九九六年州長候選人。一位保守派的共產黨員勝選了，然而儘管大肆吹噓新的民主已就位，葉爾欽卻拒絕接受選舉結果，自行指派州長且贏得隨之而來的華府讚賞。有段時間，兩名相互競爭的州長同時在位造成極其混亂的局面，最終前共黨官僚取得優勢。

一九九八年，俄國未能償還國外借款，而依舊仰賴過時且雇員過多工廠的車里雅賓斯克，再度遭到痛擊。「我們還能承受多少？」人民追問著，工作與存款又一次蒸發。

前蘇聯共和國政體和東歐的附庸國顯得陶醉於其新的獨立和新的國族認同，常把自身描繪成莫斯科的長期受害者。似乎只有俄國人因為蘇聯的過去而遭受譴責，即使許多其他國家曾同為共犯，或者被視為如此。俄國人看著歐洲聯盟和北大西洋公約組織逐步贏得他們昔日盟友的支持。看來西方把俄國當成輸家對待，可以忽視不理或橫加掠奪。

當施政愈發前後不一的葉爾欽出乎意料地辭職，指名由相對不為人所知的普丁擔當繼任者，這讓許多俄國人鬆了一口氣。身為一位前國家安全委員會人員，身體強健且善於表達，普丁很快就利用了民眾高漲的憤怒。他明白十年來的巨變、屈辱以及對蘇聯強權地位的懷念，在俄國人的心靈造成什麼印記。他在國境南方狠狠擊退車臣反叛軍，這股勢力稍早曾與俄軍打成僵局。他號召國安勤務的舊友，運用執法來摧毀對手。他從登記註冊就攔住大部分反對黨，並延續葉爾欽曾遭受美國暗中譴責的把戲，亦即創造順從的偽反對黨。他廢除州長選舉，以克里姆林宮任命的州長取而代之。

多數俄國人並未抱怨。突然間他們受惠於石油、天然氣和原物料價格的暴漲。薪水得到給付，社會服務改善，退休金增加了。信用貸款終於推出，儘管對大部分人而言利率仍過高。劇烈的通膨獲得控制，消費支出遽增。這一切的代價——自由縮減和貪汙擴張——多數人似乎願意支付。公眾被開放政策的大鳴大放搞得筋疲力竭，在多數人眼中那意味著公開洗刷國家的昔日罪孽，使他們既厭煩且疲累。在普丁掌控全國主要電視台，並脅迫仍掙扎著盡責告知俄國大眾事實的少數獨立媒體時，人們順從地袖手旁觀。

這段期間內，我設法大約一年造訪車里雅賓斯克一次，儘管由於派往伊拉克和其他地方的任務，只能短期停留。到了二〇一二年，我從全國公共廣播電台退休，於是得以間或在車里雅賓斯克待上幾個月，那是完美的時間點。普丁總統政權的穩定似乎達到顛峰，而國家正面臨一系列全新的議題。

第二章　穩定

那是二〇一二年——距離普丁總統掌權剛過十年。沒有一個人會錯認莫斯科，此城即將榮登世界上物價最高的城市，而車里雅賓斯克市中心卻面目模糊。我在降雪前的最後一個明亮秋日早晨四處閒晃，一條鵝卵石徒步街使昔日黯淡破敗的區域改頭換面。鋪設鵝卵石的前市長也是石材的生產者，把它們賣給市政府大撈一筆。經過那次利益衝突與其他事件，如今他奢華度日，但是他的事蹟被更無恥的行徑和更多的進步給遮蔽了。俄國經濟在普丁治理下成長幾近十倍，創造消費榮景和中產階級的崛起。實質所得上揚，全國各地的貧窮與失業狀況已削減一半。

整建後的市中心成為熱門聚會地點。在鵝卵石街道上，留存的革命前時期建築立面得到修復，如今是雅致店鋪、餐廳和酒吧的藏身處。據稱這條街道是阿爾巴特街（Arbat）的複製品，即莫斯科的著名徒步街。十數座充滿奇想的雕像出現在街上，樂手與他們的樂器凍結成銅像，旁邊是身穿設計師牛仔褲痛飲啤酒的活生生年輕人，在街頭表演賺取終於維持住價值的盧布。嬉鬧的少年和他們的家人擠上石造馬車，擺出姿勢用普及的外國製智慧型手機拍照。一座盤坐的乞討者塑像把帽子往外遞，路人朝裡頭扔銅板以求幸運，這些零錢隨後會被某些衣衫襤褸的酒鬼一把奪走。日益迷信的俄國人站在嵌進步道、代表黃道十二宮的圓圈上，一邊許願、一邊往肩膀後方拋擲另一枚盧布。致力於星座占卜與通靈的同一群俄國人，現在也戴起十字架，走訪教堂向喜愛的聖者尋求庇護。

益發守舊且具有權勢的俄羅斯東正教會，正追討奪回長期充公的財物，到處都有教堂在整修或新建。防衛的國族主義與擁抱西方一切事物，此兩種心境的矛盾日漸使人困惑。朋友間開始正面談論起俄國認同的復興，儘管他們難以解釋自己指的是什麼。國營媒體播映愈來愈多反美的內容，但是所有的商店和餐廳都有外國名字，標誌著品質和服務。

數百年來俄文吸納外國文字，但如今這列清單爆炸膨脹。其中包括電腦科技使用的幾乎所有詞彙——browser（瀏覽器）、upgrade（升級）、provider（供應商）、hacker（駭客）、chat（在網路上聊天），在此僅列出少數幾個，還有 smailik，意指 e-mails（電子郵件）裡使用的圓形咧嘴笑表情符號。股票市場情況類似，充滿耳熟的字如 market call（股市分析）、broker（股票經紀人）和 bonus（分紅）。英文字滲入日常談話，譬如 cool（時髦的），俄國人現在會去shopping（購物）。他們透過realtor（房地產代理商）購置住宅，拜會manager（經理），檢視price list（價目表）前先找receptionist（接待員）。俄國人向dealer（經銷商）買車給girlfriend（女朋友）。以斯拉夫字母拼寫的俄文發音英文字激增，令人難以置信。restaurans（restaurant，餐廳）宣傳kreizy menus（crazy menus，古怪的菜單）引誘人們點用biznes lanches（business lunches，商業午餐）。新富入住taoon haoozes（town houses，排屋）或kottedges（cottages，別墅），是稱呼新興小型豪宅的怪字。這一切使俄羅斯國會裡某些民粹主義者kreizy（crazy，抓狂），但是用另一個新增加的字來形容，oh my God（我的天哪），至今他們無法阻擋這股潮流。

在基羅夫卡（Kirovka）徒步街上，巨大的冰淇淋蘇打塑膠招牌招攬顧客走進「美女貝蒂」，一間美國餐館的仿造物，包括身著一九五〇年代樣式的亮黃色裙裝、鮑比襪（bobby socks）[1]和運動鞋的女服務生，供應gamburgers（hamburgers，漢堡）和shakes（奶昔）。隔幾扇門，較有品味的「華爾街咖啡」裡坐滿啜飲卡布奇諾和單一純麥威士忌的專業人士。這一區的高雅餐廳取名為「威尼斯」、「巴西里歐」、「似曾相識」、「亞維農」，還有一間叫「鐵達尼」，裝潢得像是那艘不幸的遊輪，為滿面紅光的食客送上餐點。尚有更多價位適

1 一種反摺短襪，在反摺處常有蕾絲裝飾，流行於一九四〇和五〇年代。

中的日本和中國餐廳蔚為風尚，名字用粗體西方文字標示，以壽司做為本日特餐。

「羅馬」、「OK卡拉OK」和「聚點」僅僅是其中幾家夜店，塞滿打扮時髦的夜貓子。在「麥昆餐廳」與酒吧，樂團用標準英語唱出〈噢，美麗女子〉（Oh, Pretty Woman）[2]做為開場。隨後我找上四位樂手攀談時，他們身上的牛仔褲和T恤跟西方同行無甚區隔，我們必須立刻改用俄文，因為歌詞是他們英語能力的極限。他們的演出曲目幾乎獨有英、美搖滾歌曲，而他們屬於最受歡迎的本地樂團，常受雇於工廠舉辦的年度慶典，例如警察節、冶金節和坦克日。他們真正能賺點錢的機會，是在新富的婚禮和生日會上演出，而雇主通常自房地產和營建業累積財富，他們告訴我最近新富變得更有文化了。過去在艱苦亂世裡庸俗炫目的花錢方式不再流行，早年的閃亮幫派風格黑襯衫已經被Ralph Lauren取代。

從Chanel、Max Mara、Escada，到價位更容易負擔的連鎖品牌H&M，服裝店販賣西方衣著給時尚的俄國女人，她們不費力氣地足登四英寸高跟鞋在鵝卵石徑漫步，使已然修長的雙腿看似無限延伸。新一代的俄國女人得以享用最好的化妝品、美容沙龍、療養中心和健身俱樂部（包括Curves[3]），更別提整形手術，跟許久以前老奶奶的年代天差地遠。

這個國家一度遭莫斯科之夜香水的乏味甜香淹沒，如今貨架上充塞大量香水和香膏可供選擇。在一間店鋪裡，一位年輕男子向女銷售員尋求建議，她把一種新香水拿到他面前。「妳會用這個味道嗎？」他禮貌地詢問，使用正式稱謂的「妳」。「老實告訴我。」「不會。」她回答。接著他問她最喜歡的是哪一種，她想了一會兒後奔往一座貨架，帶回一罐香水。「那麼我買這一罐。」他說。幾分鐘後，他帶著他買的香水回來，裹在包裝紙裡。他說，「這是給妳的」，把禮物交到她手裡。其他客人微笑閃避，讓他們兩人獨自繼續談話。

回到基羅夫卡徒步街，到處都是旅行社，前往埃及、土耳其、泰國和杜拜的低價旅行成為興盛生意。這些地方富開創力的度假中心，懂得要接待尋求陽光和歡樂的廣大斯拉夫遊客。對於厭倦上述地點的那群人，南美洲映入眼簾。馬丘比丘（Machu Picchu）[4]的海報針對更有冒險精神的遊客，至於富人，房地產經紀宣傳位於西班牙和邁阿密的樓寓。

不久前連一間像樣旅館都沒有的城市，如今選擇眾多，有些由本地人興建，另一些是歐美連鎖品牌，例如Holiday Inn和Radisson。旅館接待俄羅斯和外國投資人，尋求改造本地工業合約的西方顧問，以及長途征戰的運動隊伍，前來迎戰車里雅賓斯克的冰球隊和柔道明星。最鋪張的旅館適切地取名為「大飯店」[5]，內裝過度使用大理石、天鵝絨和流蘇，映現一九二〇年代的繁榮，那是車里雅賓斯克未曾享有過的繁榮。所有的旅館有一個共通點：業

2 美國歌手羅伊·奧比森（Roy Orbison）在一九六四年發行的暢銷單曲。
3 專為女性服務的健身俱樂部，一九九二年在美國創立，分店遍及全球。
4 馬丘比丘位於祕魯，是印加帝國遺跡所在地。
5 指維德哥夫大飯店（Grand Hotel Vidgof）。

主或合夥人在政府任職，或者與政府人士擁有緊密、或說非常緊密的關連。取得不久前屬於國有的土地是種要掌握正確人脈的骯髒生意，且公開拍賣易遭到操縱。這就是俄羅斯的「企業家精神」；即維繫必要的人脈，付錢給操縱者的手下，而最終的操縱者就是普丁。

晚秋之日漫步行經車里雅賓斯克時，我巧遇一群機車黨，逗留在郵政總局隔壁的廣場。他們身穿精心打扮的皮衣，悉心呵護昂貴的山葉和哈雷機車。五十歲過半的奧列格·阿列欣（Oleg Aleikhin）在這幫人裡頭年紀最長且裝扮最佳，身為市政府高官的親戚，他輕易坦承自己藉由安排非法土地和房產交易來賺錢。他提議載我一程，機會不容錯過，因為難得有機會跟局中人聊天。我欣然同意，跳上後座。我們加速駛往深藏加加林公園（Gagarin Park）中心的一間餐廳，顯然他是此處熟客。他把我介紹給他的朋友和生意夥伴安德烈，還有兩位美麗的青少女，名叫波莉娜和薇卡。他們看到我時並未面露欣喜。

阿列欣說他在幫兩位女孩解決麻煩，雖然問題可能為何仍然成謎。他把伏特加倒入一口飲盡的小酒杯時，她們輕撫長髮，焦躁地撥弄脖子上的東正教會十字架，懶懶地玩著手機，交替傳送簡訊或瀏覽俄文版的臉書。我從她們身上能得知的僅有她們各自父母離異，年方十六歲，跟她們的男朋友住在車里雅賓斯克市，就讀本地甚有名望的高中。奧列格和兩位女孩隨即消失，安德烈說明他們可能需要一段時間才會回來，因為他們在餐廳洗手間做愛。他告訴我她們不是妓女，只是生活一團糟的青少年。我匆匆抄下他的電話號碼，希望能得到更多解釋，接著趕赴另一個約會。試圖再次聯繫安德烈的結果是更改行程、宣稱患病、出遊與謊言。稍後我又遇見了奧列格，他答應造訪我住的旅館一趟。

這一次，奧列格把機車換成一輛昂貴的外國汽車，裝載所有新奇的配備。借助他親戚之力所從事的房產和土地貪汙生意，顯然做得不錯。他大搖大擺走進咖啡館，指間戴著巨大的鑽石。他頭戴一頂皮草大帽，身穿招搖的滾皮草領昂貴皮夾克。對於我跟此等角色會面，服務生幾乎掩不住驚愕。最富裕的俄國人已懂得謹言慎行，而奧列格的風格依然屬於「俄羅斯黑幫」。除了繼續暗示自己的生意行徑，他並未提供有用的資訊。他來見我似乎是因為申請美國簽證被拒，希望我能幫忙。當我解釋我幫不上忙，他依舊自信滿滿，覺得位居高職的親戚將會扭轉乾坤。奧列格的故事到此為止，不過找到幾位王子之前需要經歷許多隻蟾蜍。

我在城市裡探訪時，人們表現友善，當他們知道我先前來過許多次之後，他們會立刻開口問：「道路不是改善了嗎？」它們是改善了，雖然把貪汙考量在內，每一英里的修建費用攀上天價。人們對標價牌聳起肩膀，說著至少現在有高速公路了。我時常被敦促要去頌揚新的公園、新的冰球場、購物中心，以及跟我老家當地 Stop & Shop[6] 供貨一樣好或更齊全的超級市場。抵押貸款推出後，儘管利率陡升至超過百分之二十，房地產市場已起飛。得以私有

6 多開設於美國東北部，擁有四百多家分店。

化自居國宅或鄉間簡陋房舍的那群人，有時看著他們的房產價格飛漲，替長期的經濟風暴提供壓艙石。藉著將家庭成員登記在戶，父母和祖父母得以無須課稅將房產贈與下一代，提供一張安全網且孕育新成員。

在城市的東北角，遠離市中心的工廠，天際線出現交錯的吊車。全新的一整塊住宅區正在興建。這項狂熱工程是為了解決居住危機，蘇聯的其中一項長久遺產。新住宅建得比崩解磚房、宿舍、簡陋木屋好，也勝過坐落於廣大髒汙廠區鄰近的蘇維埃式建物。這一區也有吸引人的排屋新近林立，取為諸如「綠意公園」的英文名字。這些第一批出現的迷你豪宅，樣式如同帶有城垛的城堡，塔樓附加其上，一如俄國人的旅遊般變得更加精緻且富有品味，占據《建築文摘》（*Architectural Digest*）[7]頁面並且雇用外國設計師，或者受外國影響的新一代俄國室內設計師。

獲得信用貸款以後——如今所有人依靠它過活——許多屋主盡其所能地把他們的平房變得更個人化、更舒適與更加「西式」。裝設防盜大門後，下一步是把搖晃透風的窗戶換成平滑玻璃窗格，玻璃業因此發了大財。誘人的招牌延伸出路面，廣告「義大利浴室磁磚與用品」和「歐式廚房」。車程數小時以外的ＩＫＥＡ已是人們頻繁造訪的目的地。洗衣機已是日常備品，而乾衣機仍屬奢侈品。造訪過美國一趟，有位相當富裕的朋友習慣了把濕衣服丟進乾衣機，回來以後她宣稱受夠了在起居室吊掛滴水的床單。現在朋友常到她家洗衣服跟

——更重要的是——烘乾衣服。

在整座城市裡，供應消費爆炸和營建業的小型到中型商號興盛。他們不再受制於一九九〇年代的犯罪勒索，而且不像「大傢伙們」，他們通常能避開政治壓力，只要別攪亂一池春水。即使如此，貪汙、缺乏效率和過度複雜的階層體制，仍然是耗費時間和金錢的嚴重阻礙。

當我探詢車里雅賓斯克的新興企業範例，我被送去一間工廠。我在結冰的小徑上跌跌滑滑地經過警衛，往一束氣球走去，慶祝車里雅賓斯克壓縮機工廠又營運了一年。空地上熙熙攘攘，擺滿準備好要出貨的亮橘色棧板。

工廠總經理與業主亞伯特．瑞索維克．亞拉雷迪諾夫（Albert Raisovich Yalaletdinov）曾是一位農業科技教授，一九九〇年代初期的經濟危機襲擊時，他的薪水蒸發。跟別人一樣，他開始竭盡所能以物易物來養活家人，他也開始尋找新的機會。一九九六年的一天，他在報紙上看到一則告示：「一台壓縮機在營建工地遭竊。假如任何人得知壓縮機的下落，將有獎賞。」基於某種原因，這引起了他的好奇心。他對壓縮機一無所知，於是開始研究。那發生在有網際網路以前，亞拉雷迪諾夫一頭栽進當地圖書館，隨即晃遊到遠方。

7 創立於一九二〇年的美國雜誌，內容主要在介紹室內設計案例。

他得知，壓縮機使用中度或高度壓縮的空氣來驅動氣動工具，例如風鑽和鑽孔設備。原來蘇聯製的壓縮機是在如今已獨立的烏茲別克製造，而當地的生產遇上了麻煩，價格合理且品質更好的俄國製設備出現需求。雖然沒有貸款，他和一些朋友雇用人來設計與打造他們的第一台壓縮機。它有多處需要修改。為了支持這項計畫，他們繼續交易廢金屬和輪胎，以及能換來現金的任何物品。在許多遭搜刮一空僅餘垃圾的廢棄工廠，他們取得其中的一座。所有人投入清理，裝設暖氣和水管。

在一九九八年，經過亞拉雷迪諾夫描述的兩年嘗試錯誤後，他的團隊製造出第一台壓縮機。那一年俄國未能履行四百億美元的債務而匯率貶值，數百萬人的一生存款遭到抹消，包括試著新創事業的那些人。亞拉雷迪諾夫苦撐，二〇〇二年他終於獲得銀行貸款。

他現在有四百名員工，以當地標準來說薪水優渥，並且對於他們的管理深具信心。銷售正在成長，而亞拉雷迪諾夫持續將營利所得再投資回公司。年屆五十且沉默寡言，亞拉雷迪諾夫違背了一般對於「新俄羅斯人」的描述。穿著毫不顯眼，他把成功「歸於集體」，還遞給我一本書，標示出他廠裡工人努力贏得的成就、一路的起起伏伏，以及用於慶祝的公司野餐。他立刻警告我，「我說的不多；我工作。」他謙恭有禮，儘管不甚友善，他要求精準且有些嚴苛；他不談政治，但是他的確對於國家持續仰賴石油和天然氣表達沮喪之意，那麼做的代價是損害新企業，就像他的工廠，他痛惜職業學校的消逝，描述僅僅要找到身懷稀少技術的年輕工人有多麼困難。在一九九〇年代，當時職校付不出薪水給職員，而工廠很少付薪給員工，或是給付微薄酬勞，有才能的人流入法律、金融、貿易和營建等產業求職。

我問亞拉雷迪諾夫必須「表示忠誠」到什麼程度，這是給與地方政府獻金的審慎措詞，許多企業必須付錢以求生存。他說，假如你想要非法獲得某些事物，那麼你就需要涉入政治到某種程度，但是假如你坦誠地工作，你不需要這麼做。「美國有過像這樣的時期。」他說。「我們會找到出路，別擔心。」

當我跟進要他描述貪汙的規模，他指稱規模龐大。我逼得更緊，他詳細說明。他供應壓縮機給道路修築、鐵路和石油業，全是大多屬於國有的企業。政府官員常要求假造浮報的收據，使他們得以盜取差額。他說他不玩這種遊戲，他採取的替代做法是賣給中間商。「他怎麼做是他的事。我做的生意是製造價格合理的精良壓縮機。」苦鬥數年以後，亞拉雷迪諾夫說外國公司現在對他的壓縮機愈來愈感興趣了。

希求真正經濟發展的那群人把亞拉雷迪諾夫引作具前景的範例，同時樂觀主義者盼望有愈來愈多俄國生意人，願意拒絕政府的威脅和黑函。眼下幾乎每一個人都表露著無動於衷、膽怯或遭到收買。

在二〇一二年，即使採用政府的統計數據，貪汙仍吃掉了國家預算的三分之一。普丁對貪汙宣戰，車里雅賓斯克地區幾乎沒有一個城鎮的執政官未遭逮捕。甚至有些聯邦區域部長受到調查或身陷囹圄。那應當是鼓舞人心之事，可是沒人受到鼓舞。我談話的那些對象認為，普丁的「戰爭」是一場校正偏差的鬥爭。

一位敏銳的俄國觀察家賽勒斯特・瓦蘭德（Celeste Wallander）曾形容，俄羅斯的體制是一個巨大的墨西哥式僵局，裡頭的每一方都拿槍指著另一方。你可以說那些手槍裝滿了kompromat，即俄文描述黑資料的詞彙，每一個人都握有另一個人的把柄。假如你被逮捕並定罪，原因若非你身處體制外，就是你拿的比默許的多，而且沒一層層地往上分。被逮捕者裡頭，幾乎沒有一個人有共犯，或者「跟檢方交易」，因為牽連他人只會使狀況更糟。人們把嘴閉緊，希望藉由沉默贏得比較滿意的條件。他們也擔心假如開口說話，家人會蒙受苦難。

***

車里雅賓斯克最大的問題是繼承自蘇聯的巨大工廠未能現代化。掙扎數年後，儘管石油和原物料價格飛漲，許多座工廠終究倒閉。單單仰賴一間工廠或耗盡礦產的地方城鎮，如今面臨消亡。車里雅賓斯克的鋼鐵和採礦巨頭梅契爾集團（Mechel）身陷重大麻煩最令人擔憂。然而儘管普丁個人跟集團的麻煩關係匪淺，但他並未遭受責怪——正如他未能使過度仰賴石油和天然氣收入的俄國經濟多元發展，也沒受到怪罪。或許他躲掉責任，是因為順從的媒體或大眾對於國際貿易的混淆，抑或是因為許多人無法想像誰有可能取代他。

直到二〇〇八年，梅契爾集團的百萬富翁執行長伊果・祖金（Igor Zyuzin），盡其所能地閃躲鎂光燈且避開政治，他顯然明白其他反對普丁的「富商」有何下場。不過據稱普丁對於他未能表現得更忠誠而惱怒。其他工業家埋怨梅契爾集團的焦煤國外販售價格比國內價格低，使普丁的怒火上升。價格由合法的長期契約簽定，但那不重要。普丁要求祖金參與一場政府會議，祖金說他因為身體不適，無法出席。普丁以他必然的挖苦語調說：「當然，病就病了，但是我想祖金應該盡快好起來。否則我們只好派給他一個醫生，清除所有的問題。」普丁心裡盤算的醫療援手，出自檢察官辦公室和反壟斷公共事業。對祖金的公然斥責緊接著不實指控，稱他的公司採固定價格傷害了俄國經濟，效果立即可見。梅契爾集團的股價下跌，一夜間使公司現值縮水約六十億美元。整個俄國股票市場跟著跌掉百分之五，這場持續下跌的開端，隨即由於全球經濟危機變得極度惡化。對普丁來說，最重要的是展示誰擁有主控權。

不久後，普丁說他對於攻擊祖金和梅契爾集團，導致公司資本總額下跌感到後悔。他彷彿在談論一個桀驁不馴的孩童，說祖金現在「表現良好」。惟恐訊息不夠清楚，他警告其他大公司要對國家言聽計從。但到了那時候，對梅契爾集團的傷害已然造成，公司財產衰減。

＊＊＊

二〇一二年我造訪車里雅賓斯克幾個月後，行程戛然而止，當時我的簽證效期還剩下好幾星期。旅館電話鈴聲在早晨六點三十分喚醒我時，天色依然漆黑，有位明顯焦慮的櫃檯接待員說有人要見我。甩掉那晚設法得來的少量睡眠，我拖著腳步走向大廳，想著我計畫行程中的司機可能來得太早。結果不然，櫃檯接待員緊張地朝兩名我沒見過的男子點頭示意。

我立刻明白他們是誰。我見過這種人好幾次，不加掩飾真實身分的便衣警察。皮外套是統一配發的制服，空無表情是他們這類人的典型。

他們閃了一下警徽，說我得跟他們去聯邦移民局辦公室回答一些問題。我嘗試把會面延後一天時，才明白這不是請求而是命令。「很快就好。」他們說，而那是他們所說的全部。當我披上不比睡衣正式多少的外套，身處黎明時分訪客視線之外的櫃檯接待員，驚恐地悄聲問我是否無恙。她迅速抄下旅館的電話號碼，以防我需要它，她察覺到我不願意察覺之事。

一開始我最掛心於必須取消一趟期盼已久的採訪。畢竟我擁有合法簽證，經過適切登記。我已在車里雅賓斯克待了兩個月，把這本書打造成形。我訪問過數十個人，包括幾位官員，向所有人解釋我想透過這座工業城市做為稜鏡，觀察俄羅斯在過去數十年有何發展。

時間分秒流逝，結果這些問題一點也不「快」。承辦人把我所有的回答仔細抄寫下來，而其他人在周圍閒晃，沉默地來了又去。我被控違反簽證規定而遭受罰款，我沒得到說明，但是在最初得知我可以留在車里雅賓斯克時，我鬆了一口氣。可是接下來我被留在座位上，我的卷宗愈積愈厚，紙頁從別的房間神祕顯現。最終我被載往市中心的另一棟建築物，隔壁剛好是聯邦安全局（Federal Security Service），或稱為FSB，一脈相傳自KGB[8]。我被帶去見移民局局長，眼前是位有著無情冰藍眼睛的修長英俊男子，謝爾蓋．里阿札諾夫（Sergei Riazanov）上校身著全套軍服。（隨後我在網路上搜尋他的資料，他總是穿西裝現身。）我走進時他並未起身，他拒絕握我的手。他周圍有一群成天靜靜整理資料的男男女女，跡象不妙。沒講開場白，他對我說我必須在三天內離開車里雅賓斯克，五天內離開這個國家。當我要求解釋，以及質疑這項命令的可能性，他的譏諷回覆中帶著挖苦：「我們還沒像美國一樣民主，在這裡你不被允許請律師。」我抗議說我行為「守法」，他輕拍我腫脹的檔案夾，提及我首次派駐莫斯科是三十年前擔任美國廣播公司的新聞特派員。那一次也因遭到驅逐出境而劃下句點。可是那是一九八二年在蘇聯，一個不同的國家、不同的時代。當時我報導了批評政府的運動。我被控間諜罪但未曾起訴，且隨即遭到驅逐。在那些時日，待在

8 蘇聯時期的國家安全委員會，是在諸多電影小說裡出現的情報機構，又稱做格別烏。

蘇聯兩年以上、懂得說俄文的新聞記者遭到驅逐出境並非罕見。此後我得到允許入境新近獨立、新近「民主」的俄國許多次，且頻繁在此工作。我造訪這個地區十數次了。這次發生了什麼事？我觸動了哪條神經？是不是有人認為，是什麼在俄國起作用的問題太危險？是不是有人打了一通電話？假如真是如此，打的人是誰？原因又是什麼？

我設想這些年結識的所有人：工廠工人、店鋪老闆和成功企業家；皮條客和妓女；老師、醫生和社會工作者；基督徒和穆斯林；人權提倡者和公民團體領袖。

朋友的第一個反應是「他們會不會只是在索賄？」當我把事態交代得更詳細，他們承認俄國一般的問題解決之道可能派不上用場，這次涉及某件更大的事。然而那是什麼？是不是當局不想要我目睹本地重大貪汙醜聞的揭發？他們是不是擔心克里姆林宮指派的州長與克里姆林宮指派的首席法官間正上演醜惡鬥爭，忙著拿貪汙指控做交易？或許我是日益增長反美活動的受害者？莫斯科習慣見到外國人，但或許地方當局就是對於有個外人東問西問的感到不習慣。我的友人進一步猜測時，我看得出來他們變得不安，懷疑他們的卷宗裡現在有哪些資料，他們對於自己的不安感到羞愧。再也不是理應面對的情況了，我感覺到自蘇聯時代逝去後未曾感覺到的——為他們擔心，恐懼我無意間讓他們置身危險之中。僅僅數天前願意在訪談中顯露全名的人，要求我不能洩漏他們的身分。

第三章 認同

我對於被逐出車里雅賓斯克感到絕望，伴隨隱約指控我是一名間諜，那代表我數十年來的俄羅斯旅行已到盡頭。可是我驚訝地發現，我仍舊拿到簽證。驚奇還沒完，我的仇敵移民局局長謝爾蓋·里阿札諾夫稍後遭到逮捕，理由是「大規模」收賄。結果我得以跟在車里雅賓斯克認識的人保持聯繫，包括一位三十多歲的雜誌編輯伊黎娜·寇蘇諾娃（Irina Korsunova）。我回到車里雅賓斯克時，我們在她的辦公室碰面，吃著壽司和披薩。她穿著剪裁優雅的棕色洋裝和造型時髦的長靴，在一本同等體面的雜誌擔任編輯。拿地方政府的補助，這本雜誌把車里雅賓斯克介紹給潛在投資人，對城市投以炫目燈光。當你翻閱雜誌頁面時，你會得到置身於柏林的印象，而非一座困頓、腐敗的俄國工業城市。不過城市裡僅有一小撮人負擔得起雜誌介紹的生活方式，伊黎娜只想看見此地最好的那一面。她相信俄國曾經是，也能再度成為世人的典範，西方的批評僅僅反映了他們想見到俄國重新屈膝遵從。儘管目前面臨諸多問題，她預期俄國憑藉國內的天然資源、遼闊土地和人才，將會再次成為完全自立的國家。

跟她談話會遭遇到猛烈防備和諸多自相矛盾，而那正是重點。俄國人正試圖釐清他們是誰，以及他們要從何處與世界接合。他們擁抱大部分的西方文化，並選擇性否認什麼不切合正式的「俄羅斯」模式，這鮮少說得通。

從一個層面看來，伊黎娜西方得不得了。她母親迅速利用對西方的開放，躍升為成功的女商人，且把伊黎娜送往一所上流階層的瑞士禮儀學校（finishing school）[1]。伊黎娜的旅行足跡廣闊。她身穿最精緻的歐洲服飾，嫁給一位事業有成的工程師。她是堅定的中產階級，她的兒子如今得以獲取眾多西方消費商品和科技，這些在她的蘇聯童年從未擁有過，對此她感到快樂。

即使如此，伊黎娜對西方心懷憎惡、幾近忿恨。她是一個驕傲的俄國人，堅定相信俄國把最好的帶給世人，卻鮮少得到回報。她也相信蘇聯－俄國的研究替日本的商業和科技打下基礎。她說中國體育如今躋身世界強權，原因是基於蘇聯的運動技巧。她懊悔蘇聯解體，並責怪西方引進的貪汙摧毀了她國家最好的部分。她代表了我在車里雅賓斯克認識的許多人，他們厭倦了一再受到打擊。他們厭倦了國家被視為僅僅是黑幫滿街的竊盜統治

（kleptocracy）[2]——即使他們身為埋怨貪腐的先聲。他們厭倦了西方一再因為蘇聯的罪過打擊俄國人，尤其是現在他們知悉了更多西方的罪過。

在欠缺國家意志下，俄國人習於責怪外人，而非解決手頭上的議題。在過去，俄國人面臨入侵敵人時，展現過他們最強悍的一面：十八世紀的瑞典、十九世紀的拿破崙，或是一九四一年的德國人。今日的政府、教堂和國營媒體合力對付一個更難捉摸的敵人，即「外國支配」。這些強大勢力有效植入懷疑論點，認為美國－西方陰謀削弱較為衰敗的俄羅斯。

俄國人對他們在世界上正當位置的信念，根植於他們動亂的歷史——車里雅賓斯克熟知的一段苦難、驕傲和矛盾歷史。這座城市在十八世紀建立，做為軍事要塞，當時沙皇軍隊開拔至未知的大陸東部，朝西伯利亞和太平洋前行。沙皇軍隊從世居當地的巴什基爾人（Bashkirs）[3]和韃靼人（Tatars）[4]手裡徵收土地所有權，他們本是遊牧的穆斯林牧人。費心記錄這些事件的本地歷史學者弗拉基米爾·波士（Vladimir Bozhe），拿它們來比擬美國西

1 禮儀學校專門教導年輕女性上流階級的文化禮俗，全世界最著名的禮儀學校多位於瑞士。
2 kleptocracy一字源自希臘文的盜賊，意指國家受到少數人專政把持，竊取人民財產。
3 巴什基爾人是居住於烏拉山脈南邊的突厥遊牧民族，十六世紀較為沒落後受到俄國保護，由於統治糾紛，十七、十八世紀均發生起義。
4 韃靼人泛指俄國境內說突厥語的遊牧民族，實際上有許多分支，來源與文化各異。

部的血腥征服占領。我遇見的大部分俄國人從未聽聞土地徵用，或者否認這種事發生過，即使受過教育的人也是如此。

在十九世紀，車里雅賓斯克成為貿易中心，連通正在擴張的俄羅斯帝國與中國。舊時商人擁有的兩層樓木造房屋遺跡，依然星散於市中心。這些精細刻上薑餅糕點的木屋，其中有些已重建，但是大多腐朽不堪、屋頂陷落，等待遭受無可避免的土地侵占。俄羅斯的東正教會旋即跟著軍隊前哨站而來，洋蔥狀圓頂聳立的修道院建物蔓生開來，逐漸支配這座成長中的小鎮。此情此景只有留下照片紀錄，因為廣闊的修道院隨後被史達林的黨羽拆除，改成一片空涼的閱兵廣場，仍然樹立著一座大型列寧塑像增添光采。

那是一段繁榮與蕭條跌宕起伏的故事。在十九世紀晚期，鐵路開通直往西伯利亞，人口從七千五百人迅速成長至七萬五千人。儘管嚴格說來，猶太商人禁止住在某些指定的俄國區域之外，擴展的生意機會吸引他們搬到此地。他們填補了需求，得到極大寬容。一座猶太教堂於一九〇五年建成。然而不久後，一場革命席捲而來。

一九一七年革命與後續的內戰使發展踩下煞車。新的蘇維埃當局一再充公地區收成，而大規模饑荒襲來。歷史學者弗拉基米爾・波士估計，車里雅賓斯克地區有成千上萬人死去，大幅削減本地人口。當地對宗教的打壓比其他許多地方更為嚴厲，儘管蘇聯法律規定每種教派在一個社區可以有一座禮拜場所，車里雅賓斯克地區僅餘一座東正教會，而清真寺、猶太教堂和其他基督教派的教堂統統要停止運作。本地蘇維埃領導人驕傲地宣稱，車里雅賓斯克會是一座「不信神」的城市。

莫斯科接著決定這個地區要成為工業中心，原因是本地的礦產和蘊藏量，但是勞工人力不足。在一九三〇年代初期，必須尋找大批工人和專家以實現莫斯科的計畫，包括擴展與建立冶煉和化學廠，以及龐大的拖拉機和坦克車新工廠，這是史達林的第一個五年計畫核心。送往本地的許多人是受到看管的政治犯，其他人是kulaks——俗稱的富農地主——他們被剝奪了微薄的財產，遭囚禁或放逐。

到了一九四一年與德國開戰，更多囚犯被送到這裡工作，這次是已住在蘇聯好幾代的德裔公民，卻遭懷疑為潛在的間諜。歷史學者伊蓮娜．圖洛娃（Elena Turova）採用終於在一九九〇年代公開的檔案，記錄被送往車里雅賓斯克的三萬八千名德裔蘇聯人：「他們（譯按：指蘇聯當局）在嚴冬時節把他們帶來，並扔在空地裡，他們開始朝地下挖掘一個棲身之地，與此同時他們必須建造冶煉廠。」她記得看到一張年輕男孩的資料卡片，他因為沒完成當日「勞動定額」遭到槍殺。由於懲處、寒冷、飢餓和生病，死亡率居高不下。「當他們死去，他們（譯按：指蘇聯當局）只是送更多放逐者過來，這些人一開始先送去了西伯利亞和哈薩克。起初是男人，接著是青少年，接著是女人，孩子留給誰照顧只有天知道。」

莫斯科和本地政府並未資助圖洛娃周到而費力的資料彙編。資金來自德國，當時是較為開放的一九九〇年代與二十一世紀最初幾年。當圖洛娃從發黃而詳盡的史達林時代檔案夾裡，把資料轉錄至電腦資料庫時，她常感到身體不適。她產生矛盾的情緒：對她的政府的殘忍感到驚恐，卻仍然對她國人建立軍武工業且擊退希特勒的能力感到驕傲。而檢視新近公開的檔案時，她發現自己的祖父在一九三一年遭到槍斃。根據這些文件，有人聽見她祖父吟唱被視為反蘇聯的某種歌謠。他遭人帶走，從此再也沒有消息。圖洛娃的母親未曾提過他，惟恐家人因他遭控「叛國」而背上汙名。

城市中幾乎每個家庭都有這些過去的隱情可供述說。但是在一九九〇年代常外顯的憤怒已趨於淡薄。俄國人現在被灌輸要無視於殺戮，專注於史達林時代的國家發展和艱辛的第二次世界大戰勝利。這傳達的訊息很明顯，認為結果可以替手段辯護。在一九八〇和一九九〇年代，志工蒐集打壓下受害者的資料，希望替他們求得補償，如今同一群志工說「我們活在陰影之下」。許多人是「紀念」（Memorial）的成員，那是一個歷史和人權組織，致力於防止極權主義回歸。在普丁政權下組織受到攻擊，一位領導成員說，「紀念」受到普丁政權攻擊，原因是「組織在普丁主義下站在錯的一邊，確切來說，在於普丁主義認為史達林和蘇聯政權成功打造一個偉大的國家」。「紀念」已關閉車里雅賓斯克的辦公室。

不過回到歷史層面。在戰爭物資方面，車里雅賓斯克位於中心位置，戰時人口呈現爆炸增長。靠近前線的工人和軍備廠搬到本地，遠離希特勒空軍的轟炸範圍。有一陣子，車里雅賓斯克自傲地以Tankograd（坦克城）為人所知，而身處最簡陋條件下的工人製造出一萬八千輛坦克車，將近五萬部坦克車柴油引擎，以及超過一千七百萬發子彈。到了冷戰期間，史達林則選擇此地來發展他的祕密核武計畫。

＊＊＊

做為核能軍工業據點，車里雅賓斯克禁止所有外國人進入，聲望與孤立雙雙隨之而來。史達林在一九五三年的死亡，帶來穩定表象的開端：恐怖時期的終結，且對於夜間失蹤和飢餓的畏懼終於消滅。生活條件——許多工人的住房僅僅比地下防空洞或者擁擠磚造公社略好一些——改善了。蘇聯發展核子武器以抗衡美國，他們把第一個人送上太空。長久以來國家終於得到和平，儘管是冷戰時期的和平。克里姆林宮承諾要「趕上且勝過」西方。然而不景氣逐漸到來，由於企業效率低落耗費的成本、欠缺經濟誘因，加上蘇聯的帝國雄心及其在如阿富汗等地扶植勢力，使財庫竭盡。到了一九八〇年代末期，這個國家瀕臨破產的態勢明朗。挨餓再一次成為真確的恐懼。蘇聯領導人米哈伊爾・戈巴契夫（Mikhail Gorbachev）力抗上述挑戰，不過他提倡的更加「開放」、公眾示威抗議、擁有更多新聞自由的媒體和更公平的選舉並不足以團結蘇聯。他最大的挑戰者是剛當選的俄羅斯總統葉爾欽[5]，而俄羅斯屬於蘇聯的其中一個共和國。在一九九〇年，葉爾欽與烏克蘭和白俄羅斯總統密謀，要以鬆散且無實權的聯盟取代蘇聯。

當時與其後的發展，在許多方面構成了今日西方面臨危機的核心。當西方眾人慶賀蘇聯的末日，十五個共和國裡的大多數成員，包括俄羅斯，還並未準備好利用成為新獨立國家後意外獲得的自由和經濟挑戰。葉爾欽和俄羅斯政府裡掌權的「自由派」，無法抗拒藉由貪汙手段來快速致富。當西方支持的眾多非政府組織提倡有益專案和公民社會的參與，到頭來外國人卻被責怪保護且鼓勵貪汙官員。俄國人逐漸相信外國人是在企圖破壞國家根基。

這類想法依然普遍——如同拜訪伊黎娜一趟對我的提醒。在如此一個大國裡，她說，民主並不總是好的；過度的自由將會導致無政府狀態。她希望俄羅斯東正教會發揮其父權、團結與愛國的影響力。本地的眾多穆斯林人口會如何看待這件事，她毫不在意，然而她抱持著有點浪漫的想法，認為在昔日蘇聯，國內多種民族快樂共處。

總統普丁迎合像她這樣的人們。他在二〇一四年接管克里米亞，及隨後捍衛烏克蘭的俄語區，使他委靡的支持率提升至超過百分之八十的高檔。他宣示的俄國優越精神，勝過了西方的個人主義、衰退和表裡不一。當這一切發揮作用，他支持東正教會是俄國唯一真正信仰的主張，且為俄國通往偉大之路的源頭。他要求中學統一歷史課本，「消除內部矛盾與分歧」——拿任何國家的歷史來說均屬挑戰，尤其是俄國的歷史。在我書寫的當下，召集委員會未能提出經核可的課本。

車里雅賓斯克國立大學年輕的歷史學教授亞歷山大・福金（Alexandr Fokin）說，學術界被要求去辨識出獨特的俄國特性，只偏重在好的那一面。他說這同時是一項不可能的任務，以及對歷史的曲解。儘管如此，國族主義者和所謂的愛國人士施加影響力，箝制他所能研究的與在課堂上所能傳授的內容。車里雅賓斯克還沒像鄰近城市葉卡捷琳堡（Yekaterinburg）[6]的情況那麼壞，普丁的統一俄羅斯黨（United Russia）青年側翼，在那裡公開點名他們指認為叛國者的教授。對於車里雅賓斯克大學裡膽敢挑戰政府的那些人，僅在網路上遭受到匿名攻擊。

聯邦安全局正企圖重新定義叛國罪的概念，意在囊括「對外國或國際組織提供財務、科技、顧問或其他協助，導致傷害俄國安全」。在一場國際會議前，福金接到他的大學告知，他必須簽署一份文件以確認他拒絕向外國同行透露祕密，即使如今什麼算是祕密全憑個人猜測。大學的表格上包括一條命令，要求與會者不透露有可能「導致俄國損傷」的任何事。他在臉書上發文諷刺，開頭是「我的祖國又一次管束我的歡愉」。全國學術界同事的回應反映

5 葉爾欽在一九九一年當選第一任俄羅斯聯邦總統，一九九九年卸任。

6 葉卡捷琳堡位於車里雅賓斯克北邊，蔣經國年輕時曾在這座城市的重機械廠工作，結識後來的妻子蔣方良。

出類似擔憂——而許多人說著「歡迎重返蘇聯」。

取得政府檔案文件變得愈來愈困難，而官員說最好別提出令人不快的問題。在「開放」盛世一九九〇年代見光的檔案，又遭受封藏命運。缺少特別核可，就無法獲取當下視為敏感的檔案，而核可發下時裡頭可能同時包括國外旅遊限令，這是多數人希望避免的限制。

當然了，外國研究者面對的問題甚至更大，現在需要取得國家安全機構的放行批准。何其幸運，我在這波完全管制前見過幾位本地歷史學者和檔案管理人。要是我現在試圖跟他們見面，他們會帶著莫大遺憾說，他們沒有選擇，只能拒絕。

雖然俄國人對西方的懷疑常不切實，且受到政府的自私操弄，但他們並非毫無根據。早在一九九二年，喬治・H・W・布希總統於國情咨文演說時宣稱，「蒙上帝恩典，美國贏得了冷戰」。但是蘇聯解體時期的美國大使傑克・麥洛克（Jack Matlock）主張，冷戰結束並不是勝利；它是細緻的協商議定，理應惠及每一方且保證未來的合作。根據麥洛克所言，美國太常把新的俄羅斯視為輸家，形塑受辱與復仇的情感。儘管麥洛克並非普丁的擁護者，但他敢於主張對俄國和俄國人缺乏理解，可能會不必要地導致酷寒冷戰，以及核武競賽的重啟。

從來不曾有任何具體承諾說西方不會擴張北約，然而的確存在著誓言，不在俄國的弱點上占便宜。在那之後，俄國人尤其相信美國已經這麼做了。俄國人絮絮叨叨的擔憂之中，包括冷戰結束後北約擴張進入東歐。然後發生了北約在未取得聯合國安理會准許下轟炸塞爾維亞，這個與俄國同為斯拉夫民族與東正教會的國家；允許科索沃自塞爾維亞獨立，儘管美國在其他的情況下均支持領土主權[7]；以及美國退出「反彈道飛彈條約」（Anti-Ballistic Missile Treaty）[8]，並威脅要在前華沙公約國家[9]部署防衛飛彈。俄國人也提到美國在聯合國安理會未批准下入侵伊拉克；美國涉入在他們眼裡站不住腳的烏克蘭、喬治亞和吉爾吉斯民主革命，以及北約擴展進入喬治亞和烏克蘭的言論，兩地均與俄羅斯接壤。

西方許多人以及俄國的某些人爭論這一切，認為真正的問題是莫斯科變得益發極權主義，且回復它的帝國舊夢。由於俄國的經濟挑戰與未能現代化，他們主張，普丁向國外找敵人以掩飾自家的問題。

二〇一四年，普丁找到他尋尋覓覓的敵人。美國支持的烏克蘭反對黨推翻與俄國友好的

---

7 科索沃於二〇〇八年宣布獨立，主因是科索沃境內九成為阿爾巴尼亞人，信奉伊斯蘭教，與塞爾維亞不同。截至二〇一六年，國際上承認科索沃獨立的國家共有一百零九個，包括美、英、法、德、澳、義等國，以及台灣。

8 美、蘇於一九七二年簽署「反彈道飛彈條約」，主要是希望避免毀滅性的飛彈大戰，各自降低瞄準對方的飛彈數量。二〇〇一年小布希就任美國總統後，年底即宣布退出此項條約。

9 華沙公約國以蘇聯為首，在冷戰時期成立與北約相抗衡，於一九九一年停止運作。當時主要成員為蘇聯、東德、保加利亞、羅馬尼亞、匈牙利、波蘭、捷克等國。

總統後，緊張態勢高漲。烏克蘭國會起草一項法案，撤銷俄語的官方語言地位，而當法案遭到否決時，普丁已經準備好要動搖新任政府。

首先他併吞克里米亞，一座伸入黑海的半島，在歷史上隸屬於俄羅斯，於一九五四年併入烏克蘭。當俄國和烏克蘭同屬於一個國家，這個舉動主要是象徵性的；然而一旦兩國分道揚鑣，克里米亞的地位形同創傷。在戰略上具關鍵地位的克里米亞，擁有壓倒性的俄國人口。莫斯科被迫要為黑海艦隊租借設施，且持續面臨租約會被撤銷的威脅。這成為微微發亮的閃火點[10]，且當俄國認定基輔（Kiev）[11]在美國支持下，變得較不站在俄國的利益這一邊時，即迅速行動。接管克里米亞後，普丁把武器和軍隊送往烏克蘭東部工業區，做為尋求更大程度自治或分離的俄語人口的後盾。

我立即收到車里雅賓斯克聯絡人的激昂電子郵件，他們大多數人譴責西方的制裁並支持普丁。許多人有親戚在烏克蘭東部，在完全仰賴俄國市場的工廠和礦場裡工作。他們惟恐烏克蘭往歐洲靠攏，會使他們的親人在經濟和文化方面陷入困境。

擁護普丁的、尤其是支持接管克里米亞的那群人，組成分子範圍廣得驚人，包括一度自稱為「反對者」的人們。接下來稱為V的一位本地精英階層成員，比起像伊黎娜．寇蘇諾娃那樣的激烈俄羅斯國族主義者，他務實得多，他對克里米亞表示贊同。然而他認為普丁干預烏克蘭東部是場災難，他責怪普丁和歐巴馬總統都對放這把火有責任。在他看來，美國插手烏克蘭的舉止愚蠢，完全沒注意到情勢有多麼一觸即發。在他眼中，美國支持了對抗一位民選總統的政變。論及的這位總統或許貪腐且令人憎惡，但如此行徑僅僅強化美國說一套、做一套的觀點。他說美國需要了解，烏克蘭對俄國具有「存在上的重要性」。對他來說，少了俄國的烏克蘭經濟顯然無法健全，那是他認為美國未能理解的另一件事。「西方真的準備要資助一個貪腐、破敗的國家嗎？」他問道。對於雙方未能尋求外交途徑解決危機，他感到沮喪。如同大多數俄國人，他主張僵局至少有部分成因來自美國在歐洲延續的安全體系，植基於許久以前的第二次世界大戰結果，不必要地孤立俄國，且不再適合今日的世界。熟知美國時事，他的小孩在那裡讀書，且讚賞他在美國目睹的許多事，V仍然驚異於美國的無知與傲慢，對於華府輕易譴責俄國犯下他相信美國同樣觸犯的罪責，感到氣憤不已。

V在一間高級餐廳裡，以及伊黎娜·寇蘇諾娃在雜誌辦公室發表的看法，在鎔鑄的高熱中強化。尤拉·柯瓦克（Yura Kovach）是車里雅賓斯克一間鋼鐵工廠的員工，也是我結識超過二十年的朋友，儘管他對普丁愈來愈強烈的支持，有時會使我們的關係緊張。我們透過他

10 指可燃物質的濃度到達一定程度後，當溫度超過閃火點就會自行起火燃燒。此處意指只要烏克蘭與俄國的關係惡化到某個程度，俄國就可能出手接管克里米亞。

11 烏克蘭首都。

的妻子伊黎娜認識，她是一位受挫的蘇聯經濟學家，原本在一九九〇年代有過榮景。她建立了一檔早期的股票型基金，也有保護退休金領取人的作用；她組織起一群鋼鐵工人，使他們隨即獲得賺錢的合約，替新建築物打造裝飾的圍欄和樓梯欄杆。在她的丈夫，一位擁有專業技術的工程師失去收入時，她賺到錢。但這導致婚姻問題。在那之後她結束生意，搖身一變為一位心理學家，因過度疲勞，隨後留在家裡好幾年照顧病危的母親。一路走來，她成為一位印度教導師的虔誠學生，獻身於冥想。她改吃素，創立且失去豆腐生意——原因並非缺乏需求，而是政府的地產操弄。她接著投入外匯市場，試圖補救債務。他們四十年的婚姻遭受嚴重考驗；他們的生活方式分歧，但是他們留在彼此身邊且贊同一件事——普丁是俄國最好的領導人。尤拉看著他的行業落居於新興的銀行家、貿易商和公關專員之後。當普丁在二〇一〇至二〇一二年間稱呼莫斯科的抗議者「只是辦公室的浮游生物」，他鼓掌叫好。他介紹我認識一位受歡迎的勞工詩人，名叫伊果·拉斯特耶夫（Igor Rasteryaev），他喊北約是「垃圾」，還讚揚「不吃壽司或不上日光浴美容院」的那些人。柯瓦克一家人不上館子吃飯，也不去國外度假。

在網路上瀏覽新聞的尤拉，相信美國政府和非政府組織暗地裡支持莫斯科的反普丁示威，以及烏克蘭的反對黨抗議者。他不相信美國會容忍俄國對其國內事務或者利益範圍，做出類似的干預。如同眾多俄國人，現在他說當美國在捍衛國際利益時，自己適用一套規則，而對俄國是另一套。

當我詢問，是否普丁和他的貪汙富商小圈子適用一套規則，而全國其他人適用另一套時，他自有藉口。他說到處都有貪汙，忽視俄國在國際評比上名列貪汙最烈的其中一個國家。他擁戴普丁的聰明和能力，把他看作將會重建國家的工業和國際地位的人。他擋下我拋向他所有對普丁的批評，包括用一句俄國人的諺語回應：「起火的時候，不要問誰是救火員。」

第四章 計程車司機

我在車里雅賓斯克歌劇院外面，第一次遇見柯里亞。這棟建築物是莫斯科大劇院[1]的適中翻版，蘇聯在全國各城複製重現。他有一種直率氣息，結合發亮的藍眼睛和牙齒縫開闊的笑容，顯示出他或許是「我的夥伴」。他的職業是非法的計程車司機，當時三十歲的這傢伙停在最好的位置，每月付五十美元「保護費」給本地幫派以確保警察不會來煩他。結果那只在某些時候有用。他的紅色生鏽日古利車是目前看來最不吸引人的一輛，而柯里亞身著運動服，外表屬於最不體面的那幾個之一，但是你隨感覺行事，而且你沒有大把時間來細細思

1 莫斯科大劇院的名稱 Bolshoi，在俄文裡就是「大」的意思。這棟有著希臘圓柱的古典建築，自十八世紀以來一直是莫斯科的地標。

量。每一個新聞記者都會這麼告訴你，選對計程車司機是關鍵。他會在危險區域拯救你的生命，並且在壓力沒那麼大的環境下擔任必要嚮導。姑且不論這輛車，我的直覺是正確的。在交通事故數量驚人的城市裡，事實證明柯里亞是位絕佳的駕駛。居民對嚇人統計數字做出貢獻的方式，比酒精多得多：個性好鬥、結冰路況、必須容納車輛不斷增多的劣質道路，以及女性駕駛人數暴增。在任何一天，只要從住處的窗戶往外看，我平均能看見五起撞上保險桿程度的輕微車禍，或者更嚴重的事故。鮮少有女性駕駛涉及在內。

除了駕駛技術以外，柯里亞擁有非凡的街頭智慧。他對車里雅賓斯克熟門熟路，從上流社會到底層全數通曉。他有個表兄弟開設最棒的餐廳，本地的政治人物聚集在那裡吃午飯。他的叔叔「用某種方式」賺了大錢，住在其中一棟新蓋的排屋裡；這位叔叔也是地區立法機關的成員。柯里亞的客戶包括一位附近美術館的策展人，他認為我會想認識，而她成了我最親近的朋友之一。

柯里亞在車里雅賓斯克較為艱苦的地區也有過一段歷史。我們漫步在彷彿荒廢的地帶，有些城裡的妓女在此出沒。為了躲避寒冷和不良分子，她們坐在計程車裡等待。她們的故事與全球各地的妓女相呼應——受虐的家庭生活，常位於遙遠的村落或小鎮，拚了命想逃脫，在街上度過艱苦的日子，皮條客，夢想這一切有天終將結束，並且恐懼那不是個幸福快樂的結局。

柯里亞也嗅得出城裡陰暗的非法地下賭場。他玩吃角子老虎機的速度快到我跟不上，儘管他堅稱自己真正在混的日子已經過去了。而他的過去是團謎，對於他這一代人並非罕見。他的母親塔蒂亞娜喊他「一九九〇年代失落的孩子之一」。她說她也失落了一陣子，當時所有她熟知並伴隨長大的一切都崩解了。她很年輕就成婚，藉此逃離酗酒的父母親，到一間雜貨店當收銀員。她在一九八二年生下柯里亞，那時她十八歲。愈演愈烈的通貨膨脹和糧食短缺在一九八〇年代末和一九九〇年代初發生，只有拿到配給票並排進人龍等候的俄國人，能獲得基本的食物品項，而且只有在他們幸運的時候。如今塔蒂亞娜羞於承認，說她從工作的店裡偷取日用品，賣往黑市，那是活下來的唯一方式。她的丈夫則非法販售伏特加。家庭成員多了柯里亞的妹妹，很快所有人得擠進舊軍營裡的兩房公寓，當初建造品質粗劣的兩層樓房寓，是為了容納車里雅賓斯克的戰爭時期人力。這批建築在許久以前成為危樓，但是從未拆毀，因為住宅需求龐大。塔蒂亞娜的婚姻破裂了，她丈夫分走一個房間，隨後賣掉，把另一個房間留給她和孩子。廚房和浴室成為共用空間，那很令人沮喪。

塔蒂亞娜說，柯里亞是個聰明且逗趣的小孩，但是極難管教。他的父親缺席，而她長時間工作，柯里亞大多由酗酒的祖母照顧。塔蒂亞娜說他「需要關懷」，於是往較年長的男孩身上尋求，他們擁有他渴望得到的敬重。到了十四歲，他加入其中一個極其普遍的幫派，他們勒索商店、提供「保護」、四處行竊。塔蒂亞娜說，剛開始她不清楚他在做什麼。他身處在她一無所知的新世界：「伴隨我長大的所有價值——共產黨、共產主義青年團[2]、服從，還有教育的價值——突然間不再適用，在發橫財、奢侈品的誘惑和猖獗的犯罪下黯然失色。我沒辦法教導他，沒有站得住腳的論點。我就跟他一樣困惑。」

柯里亞從青少年時期開始吸食強力膠，那是在他改用突然間氾濫全城、藥效更強的毒品之前。從屬於他們的那一個房間裡，他偷取任何值錢的物品。他慢慢騙取信任，混進塔蒂亞娜擔任簿記員的辦公室，撬開公司的保險箱。

十八歲時，柯里亞因為第一次觸法判刑入獄兩年。監獄當局向塔蒂亞娜索取「人道主義援助費」，假如她想確保他不被打的話。她定期把她所能非法弄來的建築材料送過去，希望這些賄賂也能讓柯里亞提早釋放。為了保護柯里亞，她債台高築。

柯里亞出獄後重拾吸毒舊習，搞大女友的肚子，而且又開始行竊。他用盡剛獲得的銀行貸款，一筆一筆累積起他永遠無法還清的高額債務。他再也申請不到銀行貸款了。而在俄國法律規定下，禁止欠下特定額度債務的人出國，他永遠不能出國旅行。考量到缺乏教育和坐牢紀錄，他的工作前景受限。

偷竊手機被逮，柯里亞很快被再次定罪。由於是累犯，他被送往管制嚴格的西伯利亞鄂木斯克（Omsk）流放地，遠離車里雅賓斯克。塔蒂亞娜負擔不起探望他的旅費，她也沒錢賄賂主管機關，因為她同時在幫忙養育柯里亞的兒子，她的新生孫子，柯里亞被捕後因此從未得見的孩子，她選擇資助她的孫子。柯里亞既憤怒且恐懼，但如今他跟他母親說，鄂木斯克或許救了他們兩人。柯里亞說他被迫管束自己、停止吸毒，並且對自己許下承諾再也不要身陷囹圄。塔蒂亞娜說：「好幾年來我終於第一次能大口呼吸。在柯里亞被捕以前，我每天回家都在擔心，有什麼樣的壞事在等著我。」

在她到了全然絕望的某個點，塔蒂亞娜開始去新生命教會，那是開設於車里雅賓斯克的基本教義浸信會教堂。她再婚了。從那時起，她到生命源泉組織（Lifespring）[3]上課，是由一位美國人引進車里雅賓斯克的分支。塔蒂亞娜放聲大笑，回想起當她在課程中途十分振奮時，柯里亞震驚地看著她，認為她也開始酗酒或吸毒。她說生命源泉幫助她提升自信心，自此她定期去上運動課，很快將要以苗條、充滿吸引力和自信的狀態邁向五十歲。

塔蒂亞娜跟姊姊維持親近關係，而她生活在另一個世界裡。姊姊家境富裕，嫁給一位當地官員，穿設計師品牌，四處旅行，這是兩姊妹在貧窮的蘇聯青少女時代無法想像的，實際上她們是街區裡最窮的一戶。二〇一四年，塔蒂亞娜仍然住在磚造危樓裡，不過她已經有能

---

2 一九一八年在列寧指示下成立，簡稱共青團。成員是十四至二十八歲的青年，目標是培育未來的共產黨員與幹部。隨蘇聯解體，共青團於一九九一年解散。中國共產黨也有類似組織，胡耀邦、胡錦濤均曾任共青團幹部。

3 生命源泉在一九七四年創立於美國，提供自我成長、開發潛能課程。

力把隔壁的房間租下來。過去十五年的生活還算穩定。她女兒經營城裡最好的一間餐廳，同時靠自己讀完大學。塔蒂亞娜替她口中「勤勉正直」的老闆工作，而且她正在存錢，好搬去新公寓。

柯里亞服完第二輪刑期被釋放後，塔蒂亞娜帶他上新生命浸信會教堂。那裡提供這地區少有的課程，協助剛出獄的犯人和毒癮者。教堂幫柯里亞找到一個村子裡的營建工作，跟他的老朋友和熟人保持安全距離。在那裡他認識一位叫安娜的女孩，塔蒂亞娜說他們在一起以後，現在她比較能放心了。

我第一次見到安娜時，她剛過二十歲的一半。身形纖細，留著一頭深色長髮，她善於與人相處，而且跟許多俄國人不同，她很快就展露笑容。她在一處殘存的國有農場長大，早晨上學前餵食家裡養的動物，傍晚回家後煮飯給全家吃。她的母親患上癌症而生命垂危，到了安娜高中畢業時，國家農場就跟其他大多數事物一樣崩解了，使數百個人失業。

西方提倡以取代蘇聯經濟體系的休克療法（Shock therapy），給鄉間帶來的震撼力道最大。在一九二〇和三〇年代，蘇聯摧毀私有農場，強迫農民進入集體與國營的農場。如今，後蘇聯政府突然間翻轉路線，告訴全國的農場工人，「你們現在要靠自己了」。截斷了國家制度、國家物資和國家補貼後，農場無法購買種子和肥料。沒有飼料可餵，導致牲口整群整批被賣給屠宰場。乳牛的數量在一九九〇年代下降百分之七十五。由於農場分崩離析，土地若非被狡詐的經理人侵占，就是被重新劃分給尚未準備好的工人。缺少基礎建設做為後盾，他們大多無法靠自己運作。沒有五金店鋪，沒有僅存少數器具的零件，也沒有管道購買新的拖拉機。存款被愈發加劇的通貨膨脹吞噬。在一九九〇年代獲得貸款的人，利率是百分之兩百六十，企圖新創事業的農夫通常會被判定為風險太高。

安娜的村莊裡有些人在卡車或營建業找到工作。安娜到車里雅賓斯克的一間百貨公司工作，距離四十英里[4]，是一段遙遠的巴士車程。她的父親和弟弟無法調適，替一所農業研究站種馬鈴薯，做季節性農工勉為度日。安娜和她家人從蘇聯的廢墟拿取的唯一物品，是一棟私有化房屋的一部分，最終他們才得以擁有。那是一棟水泥單層小屋，容納兩個家庭，在俄國各地一眼就能認出屬於「國有農場屋」。二〇一二年柯里亞第一次帶我造訪時，八名家庭成員擠在三個小房間裡：柯里亞和安娜住一間；安娜的弟弟、他妻子和兩個小孩住另一間；安娜的父親和他的同居人住在第三間。小孩的玩具和各色鞋子堆在門口。

為了減少塵土，每一個俄國家庭成員必須在前門換下鞋子、改穿拖鞋，那是我很遺憾沒能在家貫徹的習慣。床單、毛巾和衣物成排掛在狹窄走廊上晾乾。壁紙剝落，地板上鋪著出現裂縫的亞麻油氈。室內沒有可用的浴室。所有家庭成員的關係處於緊張狀態。柯里亞和安

4 約六十四公里，約略是從中壢搭公車到台北車站的距離。

娜是唯二有固定收入的人，而他們厭倦了替其他所有人的伏特加埋單。他們夢想在後頭的一小塊土地上蓋自己的房子，那塊土地現在被用來種蔬菜幫一家人度過冬天，要是作物沒在例行的乾旱期枯死的話。

直至今日，村落道路尚未鋪設柏油，僅存的豬、牛或鵝四處閒晃。有些居民仍然養牲畜供自家食用，然而牲口棚的骨架，是不久前這裡有一處農場聚落的唯一提示。村子現在有天然氣供暖，透過地上管線傳輸，排在路上像是錯綜複雜的兒童攀爬架，在路口高高升起讓汽車從底下通過。儘管遠非美景，也沒人出聲抱怨：管線代表深遠的進步，不再需要爭搶木材塞進火爐。但木材仍然是banya的必需品，那是俄國傳統的桑拿浴，幾乎在每一個庭院都能見到。當汙水系統故障了，如同我第一次造訪時的情形，banya不僅是種娛樂而是必需品。於是在當地的國家林務官員沒注意時，村民前往鄰近樺木林，非法取得木材補給。柯里亞描述村落生活的祕辛時，一對年長、有點醉的伴侶從樹林後現身，拉著滿載木材和一具汽油式鏈鋸的拖車。

雖然安娜家的房子在後蘇聯時期全無改變，其他村民熱中忙碌於家屋改造。新興的富人如今與窮人比鄰而居。這在鄰近鄉鎮和城市裡形成一種郊區住宅社區。曾經造型一致的水泥屋之中有些被拆除，改成大量興建的紅磚宅邸，入目滿是塔樓，屬於一九九〇年代晚期的獨特品味。更多的普遍增建包括乙烯基壁板[5]和樓中樓——所謂的「芬蘭造型」。人們把效果不彰且容易漏水的蘇聯窗戶改換成新的。凶猛的看門犬被鏈在新建圍籬和大門後，是另一個常見的共同點。每個人都害怕遭竊。

一年後的二〇一三年，我注意到更多改進，甚至在安娜和柯里亞的家也發生改變。日漸擴張的一家人終於重修內裝，這部分要感謝安娜的弟弟有了第二個小孩而獲得政府的補助。法律規定這筆錢必須拿來整修家屋。在柯里亞力促下，這家人自己動手。有裂縫的亞麻油氈和剝落的壁紙不復存在。浴室和廚房煥然一新，而汙水系統修理完成。在整齊的房間裡，柯里亞和安娜擁有新的平面電視和筆記型電腦，他們很容易就能下載觀看盜版的美國電影，並且重複播放他們的婚禮影片。

婚禮仍然是一段歡樂的回憶，他們一次又一次重新回顧。他們俐落地登記成婚，不過那是在一系列村落儀式舉辦過後。即使身穿新西裝而顯得不舒適，柯里亞看起來格外英俊，拿著花束現身村落家屋前，由他的家人和安娜的密友陪伴身邊。在粗俗的歌曲之間，他們讓柯里亞經歷一連串考驗。他必須吃下幾片檸檬，忍受酸味，直到他在其中一片檸檬底下找到新娘的名字。有幾個關於安娜身高、體重和腰圍的問題等待回答，假如搞砸了就得上繳罰金。

5　一九五〇年代開發的塑料壁板，用來取代鋁板，在美國、加拿大是常見的外牆貼皮材料，質輕價廉易加工，使用年限較短。

柯里亞必須從眼前三雙鞋子裡，選出新娘的正確尺寸那雙。最後為了抵達她身邊，他得把一大罐自家製的果汁喝乾見底，瓶底躺著一把鑰匙，讓柯里亞通往屋裡和他的新人生。那罐果汁是此後許多天裡出現的最後一瓶非酒精飲料。終於，安娜穿著引人注目的無肩帶婚紗現身。柯里亞的母親把結婚照獻給這對佳偶。

在朋友和大量香檳作陪下，新人開車進市區，繞行車里雅賓斯克，在必要的景點停步——無名烈士墓和一座乞討者雕像，人們觸摸他的光頭祈求好運。在本地餐廳的宴席上，柯里亞的母親再次迎接他們，這次送上麵包和鹽，是意味著熱情款待和長壽的傳統賀禮。從那之後，婚禮程序隨著敬酒變得愈來愈喧鬧，呼喊著「苦啤酒，苦啤酒」，新婚夫妻以無盡的吻和狂放舞步使氣氛更甜蜜。但那不是慶典的結尾，宿醉的賓客繼續到附近林子裡大吃大喝兩天。男人穿上女裝而女人穿男裝，我找不到對這項習俗的解釋，卻看得滿心歡喜。肉在架上燒烤，好幾加侖準備已久的自家釀酒被喝光，還到本地酒鋪補貨數趟，用伏特加填滿遭到清空的庫存。

雖然房子現已重修，緊張依舊存在。安娜和柯里亞仍然是唯二有正職的人，而且他們得長時間工作。柯里亞從週四到週六值夜班，接送車里雅賓斯克夜店的大批人群，到了清晨時分他們口袋裡的錢比理智還多，他的客人時常醉到付他好幾次錢。「我不偷他們的東西；他們會偷自己的。」他放聲大笑說，「付我兩次錢，有時候三次。」柯里亞回想起他曾給過一位客人特別的待遇，那人要求前往城裡許多不同的地址。他會下車，倒一杯酒，往地上灑，然後回到紅色汽車裡。到了某一刻，柯里亞發現他是一位參加過阿富汗戰爭（編按：指一九七九年起蘇聯與阿富汗之間的戰爭）的老兵，在向他死去的同袍敬酒。他說他沒收這人的錢。

對於這對夫妻來說，那是一段艱苦的時光，他們很高興安娜懷孕了。但是一如雇主時常要求的，她工作的百貨公司是在檯面下給付薪水。這代表她在產假期間只能拿到極少補貼——六十美元一個月——而且不保證未來能重回工作崗位。接著柯里亞拋下真正的炸彈。

他看起來一直不是特別健康，而我把這歸因於肺炎發作，但是幾個月後他仍然面容憔悴。他來到我租賃的公寓喝一杯茶。他環顧四周，朝耳朵比了比，詢問是否有人在偷聽，接著把顧慮拋在腦後。「到了我該告訴你一件事的時候了。剛開始我很擔心，害怕你的反應會是什麼。我的人類免疫缺乏病毒檢驗呈陽性反應。」（編按：人類免疫缺乏病毒簡稱為ＨＩＶ，普遍認為感染該種病毒可能會導致愛滋病。）

柯里亞在二〇〇〇年首次入獄時測得陽性。自此他拒絕接受治療，不顧安娜和他未來家人的懇求，而他們是唯一知道他狀況的人。傳染病防治中心由一位偉大且富同情心的人所開設，儘管載我去過幾次，柯里亞仍拒絕聽從我的話。「我不相信這種治療，我有朋友做過以後結果不好。我很健康。」他這麼堅稱。他說安娜是ＨＩＶ陰性。「我會活到神給我的歲數。別再提起這件事。」

假如我能聰明點，我會在更久以前曉得這件事。關於他獄中生活的故事，有時令人困惑。當我逼問他特定的事，例如他的工作細節以及他住在哪裡，卻拼湊不太起來。如今原因清楚不過，在那些日子裡，HIV陽性的囚犯會跟其他人隔離。他們不准工作，而且會被嘲笑稱為「巧克力」。柯里亞就是個「巧克力」。

又一年過去，現在是二〇一四年。我飛抵車里雅賓斯克機場，除了柯里亞還會有誰清晨五點守在外頭呢？他看起來好多了，而且拜熟人之賜，他獲得豪華轎車公司的新工作，服務從莫斯科來訪的商務人士。薪水相當好，既合法又不危險。他獲得一輛新的福特汽車，下班時間可以開，而且他再也不必擔心那輛已經故障的日古利車或警察。

烏克蘭是頭條新聞，而柯里亞開始泛泛談論政治。過去算是支持俄國領導人普丁——「帶給我們穩定的人」——如今他成為一位真正的擁護者。他獲取新聞的管道是收看國營電視台，複述著對烏克蘭法西斯分子的持續謾罵，重生的俄國人驕傲，以及美國敵人的危險，儘管他立刻指出我是例外。他對美國一度持有的正面觀點蕩然無存。我們在市場停下來買日用品時，他駁斥了關於經濟危機逼近的擔憂，補充說制裁最終將迫使俄國發展國內工業。「我是個愛國的人。」我們再度開往村莊時他這麼說。我們抵達時，安娜已經在揉麵團做傳統的 pelmeni（可口的俄國餃子），同時警覺地看著他們十個月大的女兒克利斯汀娜，她坐著那種有輪子的旋轉椅，在小小廚房裡把自己推來推去。安娜開始準備肉餡，詢問牛絞肉要多少錢。價格比幾星期前貴了百分之七十。蕎麥是俄國人的一種主食，不久後要漲價四倍。柯里亞再度頌揚普丁和俄國在烏克蘭的行動時，安娜插話打斷。她對於提供給烏克蘭難民的補助和免費房舍感到忿忿不平，與此同時像她這樣的年輕家庭繼續艱苦度日。

家裡的緊張狀態仍持續著。柯里亞得不斷斥責喝醉的岳父，他一直跌跌撞撞闖進廚房打斷我們的談話。然而幾星期後傳來好消息，柯里亞的母親塔蒂亞娜終於買下一間新公寓。安娜、柯里亞和他們圓滾滾、頭好壯壯的女兒將搬進磚造房屋。一旦搬進城市裡，擁有自己的天地，安娜希望克利斯汀娜能獲得她從未擁有的一切事物，包括上音樂課和一所好學校。柯里亞的健康問題則不在討論之列。

第五章　同志生活

車里雅賓斯克有著活躍的同志[1]生活，儘管無法如同想望一般活力四射或公開。這座城市的青年服務首長謝爾蓋·阿夫杰耶夫（Sergei Avdeev）幾年前還願意坦承以告時，向我描述非傳統性傾向的個體，生活依然跟四十年前的美國大抵相同，或者像是阿拉巴馬州鄉下仍舊維持的狀況。

問車里雅賓斯克人是否認識同志，他們或許會回答沒有，表現得跟想法不一致。然而繼續逼問時，他們可能只肯承認的確認識某個有點「不一樣」的人。考量到對於同志社群的壓倒性負面態度，幾乎沒有人公開出櫃，擔心遇到家庭爭端或工作歧視。但即使如此，同志文

1 同志（LGBT）指的是女同性戀（Lesbian）、男同性戀（Gay）、雙性戀（Bisexual）和跨性別（Transgender）等群體。

化已從地下冒出頭來，而且有大量的線上網站和同志聚會處。一位男同性戀朋友這麼說：「我們的生活在此處，而其餘的俄羅斯在別處。」

直到一九九三年除罪化之前，同性別的性交在蘇聯是非法行為，最高判處五年刑期。同志文化很快在莫斯科和聖彼得堡獲得追隨者，在當地被視為最新潮流與前衛的表徵。但是當同志運動分子要求不只被視為一種娛樂，激烈反應隨之而來。有位穆斯林領袖容許毆打同志，並且全身而退。東正教會譴責同性關係，視為罪孽。右翼制法者加入這場控訴，還有數個城市通過法律，禁止向未成年人傳播非傳統性關係的資訊。在二〇一三年，俄國議會依樣施行。名義上以保護兒童為目的，這條新的國家法遭廣泛認定為試圖打壓同性戀，以及俄國剛起步的同志人權運動。在法律的模糊詞彙下，一場同志遊行可以解讀為犯法行徑。高中老師、甚至是我認識的大學教授不願碰觸這個議題，他們擔心僅僅是談論同性戀，即使視為文學主旨來談論，也有可能被解釋為「向未成年者宣傳同志議題」。

在二〇一四年索契（Sochi）[2]冬季奧運的籌備階段，俄國的恐同症升溫，對國際奧會和俄國主辦者形成一場公關惡夢。普丁總統表示，這條法律並未對同性戀者施加制裁，他補充：「這條法律並未以任何方式侵害性少數者的權利。他們是我們社會的完備成員，而且不會以任何方式遭到歧視。」

但現實情況卻相當不同。當普丁提到俄國超越西方的道德高度，在大多數俄國人聽來，他顯然也在攻擊同性戀。允許同性婚姻或伴侶的國家，遭禁止領養俄國的孩童。為了強化這一點，普丁指派一位砲火猛烈、暢所欲言的同性戀憎惡者來掌管國家的宣傳機器。

俄國媒體界最有權力的男人迪米崔・克塞尤夫（Dmitry Kiselyov），不僅公開宣稱同志應該被禁止捐贈器官，並補充他們死亡時心臟應該被焚毀或埋起來，因為他們「不適合用以延續另一個人的生命」。他的謾罵對象不僅限於同性戀死者的尊嚴，克塞尤夫進一步責怪一位二十二歲的俄國人，說他遭到殘忍謀殺是自找的，因為他公開了同性戀身分惹來凶手攻擊。沒有人指出，克塞尤夫的言論違反了俄國管制仇恨言論的法律。

新的法律以及如克塞尤夫之流人物的興起，鼓舞了暴力的反同志分子。每當同志群眾在國家杜馬下議院（State Duma）外親吻以抗議管制宣傳的法律時，警員會站在一旁，眼看示威者被潑水與毆打。

喬治是住在車里雅賓斯克的三十歲男同志，他參與的地區青年團體，在會議裡悄悄地將他除名。他從未公開出櫃，但是他的長靴和緊身牛仔褲，不是你會在車里雅賓斯克看見的男性尋常穿著，此外還包括他的獨特言談舉止，也足以引起懷疑，足以讓青年團體對他敬而遠之。然而他是一位有能力的公關和銷售經理，不怕找不到工作。

2 位於黑海沿岸的俄國城市。

恐同人士愈發強硬之下，喬治使用同志社交網站時就變得更小心，害怕遇到陷阱和挑釁。他有個朋友在線上認識某個人後前往一處公寓，卻遭到毆打且被迫說出城裡另一個同志的名字。該同志遭到揭發，失去工作，並且逃離車里雅賓斯克。

現在喬治擁有伴侶，但是他們行事謹慎。僅有極少數在劇場界工作的朋友敢公開手牽手，而他對這個念頭一笑置之。城市裡出現過同志示威，但是他們同樣小心翼翼，含蓄到許多路過的人可能不清楚發生什麼事。在示威的高峰期，亦即二〇一三年的新法通過以前，一百個人會聚集在一起，沉默不語地釋放彩色氣球。那是表示不服的安靜反抗，由同志社群成員和他們的親友組成。其中大約一半數量的人現在每年聚會。同志們討論西方的關注和公開示威，在何種程度上幫助或傷害了他們。

城裡最受歡迎的同志聚會地點叫霓虹（Neon），由盧米拉．亞布蘭森（Ludmilla Abramzon）經營。她有過婚姻，生了一個還年幼的小孩，現在是一位有伴侶的出櫃女同志。她的臉書頁面毫不避諱，但當她需要時——處理她女兒的學校事務，或者為異性戀的活動提供服務——她可以表現出異性戀或「自然」的樣子，這個字連俄國的同志都會用。不過在週五、週六和週日午夜造訪，霓虹搖身一變為充滿驚人花稍裝扮的氣派同志俱樂部。我在場的某個週末夜晚，一場異性戀婚禮較晚結束，而同志人群已一湧而進。我不相信婚禮派對不清楚霓虹的全部節目，由於網路上滿是惹人注目的照片，儘管如此現場發生一陣混亂，以確保雙方陣營別正面撞上。

計程車司機當然知道俱樂部的名聲，知道目的地之後，他們常會要求客人坐在車後座，彷彿同性戀是一種傳染病。在入口處，盧米拉的保鏢群擋掉想進來的平頭男人或其他「破壞分子」，不讓那些人惹麻煩。他們檢查包包，尋找毒品的蹤跡。盧米拉最不需要的就是警察突襲，至今俱樂部還未遭到警察或當地主管機關的騷擾。她打趣說，霓虹可能是城裡最乾淨的酒吧。盧米拉常坐在小房間裡，仔細察看閉路電視的螢幕，確保沒有失控的事情發生。扮裝皇后的歌舞表演喧騰直到破曉。演出機智逗趣，充滿滑稽戲謔和性雙關語，不缺觀眾參與。即使我的俄語講得相當流利，我還得常常查看字典，很遺憾那並幫不上忙。

坐在俱樂部裡度過許多夜晚，我認識了幾個本地人：年輕的男律師、會計和資訊科技行家。他們絕對不敢出櫃且危及工作，而成長於對待任何「不一樣」的人普遍不寬容的社會，他們描述了熟知的艱辛處境。跟眾多俄國男人不同，他們格外瘦削好看；他們把這一點歸因於車里雅賓斯克同志間尋找伴侶的競爭。在他們看來，「自然的」男人可以放任自己，還能過得不錯。

盧米拉的一位舞者莎夏是雙性人，擁有新長出來的乳房和女性臀部，並且保有一切男性配備。我們幾乎錯過，因為我在咖啡館外頭等待一位年輕男人，而莎夏有一頭精心修剪的及肩長髮，化了淡妝，很容易被當成女人而錯過。經過幾次誤會和手機交談，我們終於找到對方。莎夏說他的處境甚至比大部分人更複雜，因為男同志不敢在公開場合被看見和他在一起，惟恐莎夏會引來不想要的注意。他說政府的反同志立法塑造出一種印象，彷彿所有同志都是戀童癖者。莎夏嘲笑了普遍的恐懼，認為「自然人」接觸到更多資訊就會變成同志。經歷一段孤寂、困惑和折磨的青春期，他表示年輕男女同志缺乏諮詢是殘酷的，而如今基本上被法律禁止。他考慮過離開這個國家，而且他有機會，因為他父親是美國公民，許久以前遺棄了他的家庭。儘管如此，莎夏仍然在車里雅賓斯克找到友伴和支持，不願離開他相信是他家園的地方。

然而這個家園反抗在西方已經發生的改變，近年來變得愈來愈不寬容，而非反向發展。莎夏不能想像此生中同志婚姻能得到接納，而且他認為同志擁有家庭的前景只會更糟。有對同志伴侶鑽過細縫，在幾年前設法領養孩子，他們告訴我現在不可能試圖如法炮製。他們擔心社會服務機構隨時會奪走自己的孩子。有幾對我認識的年輕同性伴侶，如今考慮設法移居海外，使他們有一天得以擁有家庭。

薇卡是盧米拉的密友和女同志姊妹，她身材圓胖且穿著正式，盧米拉卻身形輕盈而打扮時髦。從青少女時代到成為單親媽媽，一路從無到有，她現在將滿三十歲，態度大方且不囉嗦。她描述自己是「匪徒」的女兒，父親在車里雅賓斯克的加加林公園收保護費，做不法勾當。最終她父親失去一切，加入某個「教派」，他仍然完全脫離常軌，過著沒有電力或自來水的生活。薇卡的雙親離異，她變得放縱，跟一個吉普賽人跑了，直到她父親的朋友威脅他。她的吉普賽愛人最後因為吸毒過量早逝。薇卡此時懷了他的小孩，決定留下來。

在工廠工作幾年後，她遇到一個女同志社群，這群人是在車里雅賓斯克的某處鄉間結識。她此後擁有女性伴侶，喜歡另一半像自己一樣堅強。她掙脫工廠的工作，轉任導遊，並且看到一些生意機會。現在她擁有一間成功的兒童派對籌辦公司。在孤兒院做志工時，她遇見一個營養不良的被遺棄兒童。職員了解小孩需要一個真正的家，取得同意後，薇卡撫養這個小女孩，讓她成為家庭成員之一。後來生母再度現身，依然有毒癮且無以維生，法院聽取的一個證詞說薇卡是女同志。親權在俄國很容易遭到撤銷，可是這位母親的吸毒問題以及對小孩的身體虐待，在法院眼中的邪惡程度比薇卡的性傾向更輕微。薇卡預期這位生母會再一次遺棄小孩，她密切注意著——等她的時機到來。

薇卡對十二歲的兒子隱瞞自己的性傾向，以防他在學校被虐待。她的家人向她尋求經濟援助，並讚賞她的腦袋和成功事業，同時拒絕承認她的女性伴侶。「他們全都問我什麼時候要結婚。」她悲傷地說。不過她表示：「做一個女同志比男同志容易，因為每個人都認為這只是個階段，而我只需要遇見對的男人。」

第六章　俄羅斯家庭

現在是二〇一三年。帝馬和塔蒂亞娜的開放式大廚房，面朝寬敞的兩層打通客廳，裡頭滿是青少年和學步幼童，嬰兒推車和玩具。那是個週六夜晚，新年假期將至，而車里雅賓斯克的一群富裕家庭，聚集在城裡一處設有警衛的高級社區一起做晚餐。他們一邊享用上好的紅酒、伏特加和開胃前菜，談論話題從歐美最好的滑雪勝地和下次度假去處，再跳到該把小孩送往國外哪間學校。

塔蒂亞娜正在揉麵團做 pelmeni 餃子。一位剛從狩獵之旅回來的客人，提供鹿肉做內餡。另一個朋友是一間成功餐廳的主人，城裡有權勢的大人物常在店裡出現，他帶來牛絞肉和魚。所有人貢獻一己之力填滿、捏緊三角形麵團，嘴裡不停聊著瑜伽課程、某人最近去南極洲的旅程，以及美國跟俄國教育的比較，包了幾十個餃子後由餐廳主人接手。他把餃子丟進滾水裡，加入大蒜和月桂葉增加香氣，接著準備大蒜奶油醬。

歲數如今來到三十末尾和四十出頭，這幾對夫妻屬於成功的故事。他們創立貿易公司和營建事業，有一位在地方政府位居高職。他們時常四處雲遊；主廚和他的妻子曾在西班牙學廚藝，計畫再回去那裡六個月，把餐廳交給信任的員工照料。其他人貪圖邁阿密的溫暖冬季，那是受到俄國人歡迎的度假地點。

如今他們全在車里雅賓斯克的新郊區擁有大房子，空間足以容納人口漸增的家庭。他們多在二十多歲生了第一個小孩，當時仍在努力工作，其中一對夫妻在相隔數年後，如今又生了四個孩子。帝馬和塔蒂亞娜有兩個十幾歲的孩子，另外兩個未滿兩歲。表面上這呈現了普丁的夢想：擴增且穩定的俄國家庭。但裡頭藏有隱情。塔蒂亞娜待在邁阿密好幾個月，以確保她後兩個小孩在美國出生。由一間當地代辦公司安排一切，包括為生產過程安排譯者。

仍然以俄國為根據地，這家人同時為自己和孩子買保險，對抗不確定的未來。兩個年紀較長的孩子出生時，雙親賺的錢還不夠旅外，他們沒有外國公民身分，但如今赴倫敦和美國讀書，好讓他們未來能就讀國外最好的大學。

在二〇一三年的那個晚上，這些家庭樂於來來去去，對於美國和英國私立學校的一年五萬美元學費，眼睛不眨一下就付出手。然而一年過後，他們恐懼的「不確定未來」成真了。有些人正尋找方法把錢和家人永遠送出國，趁著他們還年輕，可以重新開始。

長久以來紐約吸引俄國的巨富，歐洲城市更是如此，如今離開俄國的中產階級創業家人數增長，對俄國經濟是個壞預兆。小型和中型的企業只占俄國經濟的約四分之一，比大多數經濟體裡的占比更小，但是在政府改掉依賴進口商品的計畫裡，他們的地位關鍵。

資本外移與人才流失的問題相當，這個國家仍然苦於人口學的危機。蘇聯崩解時，留給俄國少數人口去掌管廣大的土地。美國有三億人口，而俄國僅有一億四千兩百萬人，生活在幾近兩倍大的國土上。一九九〇年代的經濟困境後，人口在一年內縮減一百萬人，原因是出生率下滑、平均壽命驟減，以及高得不尋常的外移率。人口曲線陡峭下降，專家憂心，到二〇五〇年人口可能會下跌百分之三十。後來證實那些預測過於悲觀，而這要感謝十年來相對穩定的經濟、政府補助和官方傳達的訊息。普丁總統宣告一天假期，讓夫妻有時間休息做人，而在一個情人節，他敦促夫妻盡愛國義務，生兒育女。出生率終於適度增加。二〇一二年，蘇聯解體後的俄國首度創下人口自然增長數[1]為正值。但是國家仍然面臨為退休金制度提供資金、填補軍隊徵召與創造未來人力等龐大問題。失去像帝馬和塔蒂亞娜這樣的家庭實屬沉重打擊。

除了增加出生率，俄國官員希望在未來幾年能引入移民，避免勞力短缺。但是他們想要

1 指出生率減死亡率，不計移民人數。

的是特定的移民。普丁力勸住在前蘇聯國家的俄羅斯人搬來，但是最大宗的移民來自貧窮的南高加索和中亞地區。許多俄國人輕蔑地喊他們「黑人」（blacks）。

我受到俄國移民局官員訊問時，他們曾公開表達厭惡非斯拉夫移民「汙染」他們的國家。儘管俄國國營電視台製作過宣傳影片，指出美國的種族歧視，電視台也播出節目，講述美國種族多元的負面結果。俄國移民局官員篤定地認為，我也對祖國的西裔人口增長感到沮喪。他們延伸謾罵俄國國內的類似情況，拿西裔移民來比較「來自中亞的不潔異教徒，他們絕不該踏足神聖的俄羅斯」。

為了鼓勵國內出生率，政府實行許多計畫。俄國現在有世界上最慷慨的產假：領一百四十天全薪，由雇主給付，隨後是產婦在家期間，政府補助三年的四成薪水。第一個小孩出生後，每生一個孩子，雙親也會拿到一整筆的補助，為人口更多的家庭提供進一步誘因。產婦的工作職位，在小孩出生的兩年內獲得確保。

這看起來很棒，可是現實總不是如此順遂。女性的薪水仍然遠遠低於男性，一名女性這麼說：「微不足道的四成仍然是微不足道。」而且這還存在另一種俄羅斯的扭曲。如同柯里亞的妻子安娜，許多女性被迫接受非正規人員的身分，所以雇主就不需要給付產假全薪和社會保險稅金。這樣的手段使女性只拿到微薄的產假薪俸，而且沒有工作保險。常見到雇主把性別和年齡限制寫在徵人廣告上，如此一來他們可以排除可能成為母親的女性。勞動法律需要改變。陪產假是尚待開發、還未得到接受的概念。

娜塔莉亞・巴斯科娃（Natalia Baskova）是車里雅賓斯克市議會的成員，也擔任地區家庭福利委員會主席，當她說她的夢想是規定俄國女性在健康且適於生產的二十歲以前，必須結婚且生下一個孩子時，引起軒然大波。俄國的少數民族常依循傳統這麼做，所以她顯然意指要增加俄羅斯民族的人口。結果她的夢想成了許多女人的惡夢。

網路上一片混亂，充滿暴怒發言要求她辭職，或更想割下她的頭。女性發出氣憤貼文，說她們不會回到蘇聯時代，夫妻早早結婚生小孩，跟他們的父母同住在一間或兩間房的公寓，同時掙扎著完成學業，並維持神智清明。其他大力抨擊的回應者說，現在的夫妻在展開成功的婚姻生活前，需要取得堅實的教育和財務基礎。他們埋怨低薪、住房的過高花費，以及所謂的自由教育和醫療索取的非法支付。他們譴責國營托兒中心陸續停止營業。女性一次又一次提到欠缺「適任、酒醒的伴侶」。

巴斯科娃立刻讓步，說她的提案是在開玩笑，是為了強調支持俄國家庭和增加全國出生率的真正所需。但是經過長時間對話後，顯然巴斯科娃先前不是在開玩笑。她擔心在擁有更多選擇下，許多俄國女性不再準備快快安頓下來，並生下俄國亟需的孩童，教育程度較高的女性尤其如此。

巴斯科娃估算，她女兒將滿或剛過三十歲的朋友中，僅有百分之二十結婚。其他人對於旅行、創業更有興趣，以及等待她口中「更富有、正直的男人」。她認為她們犯下大錯，冒著變得過於獨立嬌寵的風險，以至於將來不會願意接受生小孩伴隨而來的要求和責任。她責怪新興的資本主義和媒體，吹捧魅力與自我中心。對她而言，最重要的一點是除了家庭生活以外，沒有別的方法能讓女人了解自己。

這不是我預料聽見的內容。身形嬌小的巴斯科娃僅五英尺高，在一九九〇年代車里雅賓斯克初萌芽的女性運動中，是個如高塔般的人物。她在外國要角的幫助下創立非政府組織，傳達如強暴和家庭暴力等，早遭警察和社會服務機構忽視已久的議題。她資助冒出頭來的女性業主，試圖增加女性官員的當選人數，儘管成效不彰。在某個時間點她轉變了方向，決心專注在俄國的人口危機，並且為家庭發聲。「我認可女性擁有選擇的權利，但是我不全然有把握她們會因此過得比較快樂，儘管從一個女權運動者口中聽到這句話可能顯得怪異。」

我對每一個遇到的人，拋出女權和她們擁有眾多選擇的問題。巴斯科娃得到塔蒂亞娜・阿爾希波娃（Tatiana Arkhipova）的支持，她是一四八號學園充滿幹勁的校長。塔蒂亞娜向我展示記錄學生成就的影片和照片後，她開始回想自己的生活。塔蒂亞娜從婚姻裡走出來，離開她描述為「無所事事」的丈夫，而今卻認為自己做錯了。她說她應該閉上嘴留在苛求的丈夫身邊，在男人看體育節目和閒晃時，替他煮飯打掃。她認為年輕女性陷入為了自己好而過於挑三揀四的危險。「女人認定單一配偶，而男人生性尋求一夫多妻。就像在農場裡，一隻公牛匹配許多母牛。所以我們得教育我們的女性，對於這一點要容忍且理解。我沒能做到，而我應該要能容忍理解。」

她不相信一個人能改變天性。她觀察學校裡的新富雙親，許多男人擁有三個或更多妻子，每一個新歡都比上一個年輕。「可憐的女人。」她評論。「不過事情就是這樣。女人在這裡地位低下。首先，女性人數比男性多，而且很難在這裡找到一個好男人，因為酗酒比率居高不下。」

在一九九〇年代，俄國女人普遍覺得到西方找一個男人可以解決問題，交易俄國新娘的生意興隆。俄國女人認為美國男人會是理想伴侶，而美國男人期望得到優雅、性感，還很溫順的居家廚子和清潔婦。他們雙方都遭到不幸誤導。

一九九七年，全國各地的數十位女性，包括從車里雅賓斯克來的，現身莫斯科的俄羅斯飯店[2]，與美國男人「配對」。跟一群頗為邋遢的中年美國男人相比，俄國女人大多年輕、富吸引力，是被酒鬼丈夫遺棄的受過教育單親媽媽，或是經濟危機的受害者。她們渴望找到一個「好」男人和未來，帶著對美國人的普遍印象而來。我花了許多時間跟其中幾位女性待在飯店廁所，她們對於自己走上的路感到疑惑。我離開時，美國主辦方把我壓到地上，用腳

2 建於一九六〇年代的五星級大型飯店。

狠踩我的錄音設備。他們從未說明原因，不過這股憤怒顯示出他們不想要我報導出，俄國女人發現美國男人在某些方面的不足。他們不在意這一切發生在眾目睽睽的飯店大廳，因為主辦方買通了警衛和大廳員工，跟俄國人一樣腐敗。職員在當下沒有來幫我，然而隨後表示他們見到「好」俄國女人試著離開國家有多羞辱。這幅景象呈現了美國的卑劣和俄國的恥辱一面。

酗酒仍然是俄國家庭生活的不幸根源，是構成世界最高離婚率的主因。上班途中的工人和低於法定飲酒年齡的孩子在街頭漫步，手裡拿著啤酒，甚至不費心地把酒瓶藏在低調的棕色紙袋裡。專業人士看待飲酒的態度，正往好的方向緩慢轉變。車里雅賓斯克市青年辦公室提倡體育活動和健康生活。政府投入酒類銷售的限制工作，尤其是啤酒，直到不久前仍在每一處街角小販中垂手可得，無須察看身分證明。然而二〇一五年經濟惡化時，總統普丁命令他的政府管制上揚的伏特加價格。他的解釋以健康立論；他說價格高漲只會導致有毒私釀酒精的消費增加。當然，價格管制也受到大眾歡迎，有助於阻擋可能的抗議者。

過去十年間，俄國人的平均壽命長了點，較少因酗酒死亡，不那麼常自殺，而且互相殺害的情況更少出現，但是統計數字在全球的角度來看依舊不佳。俄國人仍然嚴重酗酒。百分之二十五的俄國男人在五十五歲前死亡，相比之下西方大部分國家是百分之七，而研究者指出飲酒是關鍵原因。女人通常活到七十五歲，而男性平均壽命僅及六十五歲——些微向上提升，但是遠低於美國的七十八歲。假如巴斯科娃遂行所願，俄國會回復蘇聯的規定，再度強迫酗酒的丈夫接受治療。「我知道我們現在談論的是一種個人權利，」她說，「但是家庭的權利又怎麼辦呢？」然而蘇聯的「治療」並未改善數據。

巴斯科娃不再把眼光放在一九九〇年代，當時的政治經濟動盪和個人主義滋長，展現出她曾同樣懷抱的熱忱，如今她坦承以告：「我不想讓那段時期重演，我不能允許。我們摧毀的跟我們發展的一樣多。」在最近一次總統選舉的助選期，她對普丁總統陣營統一俄羅斯黨逐漸增長的反對聲浪感到恐慌，雖在車里雅賓斯克的規模還小，她說：「我又一次看見無政府的可能，而我不樂見此事。」她承認自己聽起來像是個浪漫主義者，甚至退回了蘇維埃式的觀點，巴斯科娃要的是統一，所有人站在一起。她熱烈支持全俄羅斯民族陣線（All-Russian National Front），那是由總統普丁開創的一項運動，此選舉策略旨在提升他所屬政黨的衰退人氣。運動陳述的目標是「聯合所有俄羅斯人，包括無黨派者、公民組織和商人，他們共享我們的價值、想法和哲學，關於如何使俄羅斯成為一個更繁榮偉大的國家」。這是克里姆林宮的精心布局，企圖擴張影響力。自稱無黨派的巴斯科娃不否認克里姆林宮在操縱體制，但是她願意加入，稱這是一種激勵人心的方式，團結人民齊心解決共同面臨的問題；對她而言，其中最大的問題是關於家庭的那些。

當巴斯科娃「開玩笑地」強制命令年輕女性生小孩，此時回應給她的困難列表包括承諾給與年輕家庭的補助縮減、托兒所設施短缺，以及向來擁擠的居住狀況。俄國在烏克蘭的行動引來經濟制裁，造成車里雅賓斯克與俄國其他地區的預算危機惡化。而且要如何應對缺乏合格人力的問題呢？那是樁難題。線上約會機制已起飛，在許多網站上俄國女性仍然刊登廣告徵求外國丈夫，儘管開展海外婚姻的慘澹報導使這門生意蒙塵。

娜塔莉亞・巴斯科娃促使地方政府設立第一個家庭危機中心，在那裡可以獲得家庭暴力的免費諮詢，且對失能家庭提供援助。中心有一隻熱線電話和一本心理學家名冊，儘管訓練欠佳且人數不足。同時，對於全區的三百萬人口，只有一間政府資助的受難女性小型庇護所。所裡職員想學習更多冥想技巧，有幾名私下表達了遺憾，由於莫斯科日增的仇外情緒，導致獲得國外補助的管道縮減。

改變長久以來的性別和行為模式，在任何一個地方均屬長期挑戰，但這是個開端。直到最近，地方政府習於解決家庭問題的方式，是把兒童帶走，安置於國家孤兒院，而如今那裡供應給兒童的食物是廣為人知的差勁。

這些議題全都不屬於新鮮事，但是在「新興資本主義」下變得更顯著，而且現在受到公開討論。俄國女性談論，她們忍受著驕傲自尊與憤恨不滿的混雜情緒。她們說，俄羅斯是「母國」並非沒有原因，而最常用來象徵國家力爭生存和救贖的雕像，是一座龐然聳立的女性塑像。女人挺身對抗她們不希望面對的挑戰，必須工作與照顧家庭的雙重負擔，時常在不可能的狀況下完成。

女人談論自己生活的最佳地點是俄羅斯banya，或稱「澡堂」，眾人口中最美妙的俄國傳統，無論經濟地位，人人皆可享有。一座banya可以是造價高昂的商業設施，提供多種美容療程，然而最好的仍然是在家中庭院自家打造的banya。一群人裡的老手把水澆往熱石頭，使濕潤蒸汽變得更熱來調整溫度。在石頭上添油會把話題帶開一會兒，集中談論每種油的獨特藥效。裸身女人戴著不同花色的奇特頭巾（戴上某種帽子是必備的），依照對熱氣的忍受程度，以時常演練的舞步在不同層長凳間轉換。

慵懶談話間點綴著澆冷水、刷擦、自製面膜、一杯茶，或者一罐啤酒，以及用樺木枝擊打，好振奮精神。有個常見話題是兩性的相對特質。很難找到對俄國男人有什麼好話的女人，但只要說出「女性主義」這個字，立刻得到的反應是嫌惡——或許因為女性在蘇聯時代被迫接受一種扭曲的女性主義，沒被問過她們究竟想不想要。蘇聯主張薪資與機會平等的權利，然卻未能實現。與此同時，女性也被期待要照顧家庭。

女性或許迴避「女性主義」這個詞彙，其中有許多討論觸及性別角色的轉換。這在女性雜誌是個熱門題目，例如俄國版的*Cosmopolitan*、*Glamour*和*Vogue*。女性想要得到一點寵愛，雜誌裡常這麼說。她們想獲贈花束、遞外套與推開門的禮遇，但是她們不要那成為後續羞辱與虐待的藉口。這是個微妙的平衡。

今日的俄國女性外形普遍不太像她們的母親，上一代在工作、領食物隊伍和廚房間穿梭來去，到了四十歲已顯老態且氣力放盡。她們描述自己比男人更堅強、更有彈性且更有文化，男人則常被視為傲慢粗魯。一九九〇年代在那些男人肩上添了更多負擔，許多人應付不了而失去工作和地位。一位朋友說：「當許多男人占據沙發拿起酒瓶，我們女人強迫自己調適。總有人得餵飽孩子。」女性工程師、醫師和科學家吞下自尊，尋找任何可得的賺錢機會。

曾任教師的伊蓮娜．柯妮洛娃（Elena Kornilova）加入一群俄國女性，搭車前往中國和土耳其的街市，回來在車里雅賓斯克嚴寒髒汙的露天市場賣廉價商品。她學會利用不斷變動的匯率。她是個好的女商人，她的成功餵養了家庭，但是也使婚姻問題升溫。她的丈夫開始喝更多酒，在他們離婚不久後，他因為肝硬化早逝，留下她和兩個年幼孩子。伊蓮娜挺了過來。穿著緊身內搭褲，深色頭髮造型時髦，指甲閃著銀彩光芒，她經營安麗加盟事業五年多，並且樂於描述她的獎金分成、在公司階層的爬升，以及她贏得的免費安麗旅程。

羅曼宣稱俄國最好的部分如今在女人身上，他是摯愛兩個孩子的父親，並且是村子裡少數的成功男人之一。「她們為孩子負起責任，而且她們願意努力工作。」剛過四十歲，他慢慢建立起製造供應溫室塑膠門板與營建的生意。他回想高中班上的十七歲男孩，他開始數：兩個被殺了，另外兩個死於不明原因，其他人不是變成罪犯就是酒鬼。總而言之，他下結論：「我們之中有五個人或多或少過著正常家庭生活。」

他的看法是俄國男人相信自己應該迅速致富或者什麼都不做，他們被這信念困住了。「俄國人天性要做英雄，受到逼迫時能做出驚人的事，但是現在的生活不求偉大行動，反而要求微小事務，一步一步來，而俄國男人應付不來。他們不懂得從微小事務擴展出偉大行動。你不從許多個一開始，得不到一百萬。」

「得靠女人來修正這一點。」他相信。「女人必須從我們自己手中拯救我們。她們得教導兒子。這過程將歷經兩代，至少四十年。」

我參與過一項男女關係的公開討論，就在情人節前不久，一個來自西方而今天大受歡迎的節日。出席者包括一組似乎不可能的經典配對——有一位算命師試圖證實迷信的深奧不朽力量，以及一位俄羅斯東正教會的心理學家。算命師把關係出錯怪罪到俄國男人頭上，說他們對待女人如玩物。她說自己百分之九十的女性客人想得到愛情魔藥。東正教會心理學家嚴斥俄國女人過於跋扈，責怪她們致力於改變丈夫導致婚姻破裂。

「家庭價值」是總統普丁口中不斷重複的準則，雖然他自己離婚了。政府和東正教會說回家多生幾個孩子；經濟機會或缺乏機會，以及改變的社會道德觀對男人與女人訴說不同的聲音。

當俄國家庭和諧時，他們關係緊密、相愛、相互扶持且跨越多代。（儘管有許多關於岳母的尖酸笑話。）不照顧年長的父母仍被視為恥辱。雜誌編輯伊黎娜・寇蘇諾娃和塔蒂亞娜・阿爾希波娃校長都在家照顧母親數年。其他友人天天訪視他們的年長父母，將他們安置於僅有的數間國營看護中心，這個想法無疑會得來嫌惡與羞愧。祖父常早逝，但祖母仍是家庭生活的要角，同住家中，在年輕父母完成大學學業或工作時幫忙照顧小孩。

可是年輕人的結婚時間延後了。現在更多人有能力搬出來，遷移至其他城鎮尋找工作機會。祖母們如今擁有獲得聘用的職業，或者決定增加微薄的退休金，過了五十五歲繼續工作。女人仍然可以在相對年輕的五十五歲，拿津貼退休。在人們活得更長的同時，提高領取退休金年齡的討論來回交戰。家庭的動態關係正在改變。

第七章 頑強的父母

伊蓮娜・瑟諾娃（Elena Zhernova）生產時，俄國醫生在缺乏確切診斷下，說她的兒子永遠無法走路、說話或做出回應。處於產後的混亂之中，她被勸告放棄她的新生兒，忘記他，然後再生一個「健康的」孩子。她和她的丈夫拒絕了，使醫生驚訝不已。他們的兒子如今在大學裡讀國際管理。

俄國醫生長久以來建議，或者更接近命令父母親把有特殊需求的孩子交給政府機構，在那裡得到養育，提供僅僅最基本的健康照顧，沒有機會讓身心發展或受教育。那是蘇聯的行事方式，也是普遍依樣施行的方式。

在車里雅賓斯克，你或許很容易得到沒有「異常」孩子的印象，那是俄國人用來形容那些具有特殊需求孩子最禮貌的詞彙。他們隱沒於視線之外。在公共空間裡，少有或沒有提供給特殊需求者的座位。僅僅是離開一間典型的俄國公寓，都常遇上大問題。電梯門可能太窄了，容納不下國家配發的輪椅，而樓梯可能是無法跨越的障礙。

鮮少具有理解或同情心的醫生會建議放棄小孩，假如不是直接命令的話，而不服建議的俄國人只得仰賴家庭。畢竟對最健康的人來說，生活仍屬艱難。擁有缺陷孩子的家庭一再告訴我，他們活在某種接近羞恥或地獄的處境裡。他們的孩子未能接受適當教育，既有廣泛的能力也有殘疾，且時常受到錯誤診斷，被迫承受孤寂與隔離。普遍的觀點是他們的孩子不可教育，沒機會成為社會中具有生產力、和諧的一員。

據伊蓮娜．瑟諾娃所說，國家社會福利體系仍然把擁有特殊需求的孩子分派至簡陋「隔間」，未依照個別案例做區隔。假如你有唐氏症，你進到一個隔間，不要預期有進展。假如你罹患自閉症，你進到另一間。假如你大腦麻痺，你被判定進到另一個相似的簡陋隔間。父母的抗議往往引來冷酷目光，與諸如「我們比你知道更多，而且你沒辦法插手」的評論。

美國的父母也對抗過且仍在對抗的殘忍情況，如今受到一些全心投入、分外固執的俄國父母的挑戰，他們不再願意放棄自己的孩子，或者接受孤立與絕望的診斷。在車里雅賓斯克，伊蓮娜．瑟諾娃正帶頭提出要求，她受到俄國與全世界其他人的激勵，他們展示了什麼是可能的。

她開始為她的兒子尼基塔拚鬥，他接受的診斷經證實全然錯誤。伊蓮娜經過訓練成為一位教師，她設想運動和遊戲能刺激他的發展。經過一年，他開始說話，他開始學習英語，他開始閱讀，他的行動技能接近正常。儘管如此，學校看了一眼他出生時的官方評估，並拒絕他入學。伊蓮娜不願接受拒絕做為答案，終於說服一所學校接受尼基塔，而他在學校裡日漸茁壯。接著她開始幫助其他父母，跟他們的孩子一起努力。她得到國外非政府組織的補助，前往波蘭拜訪專科醫生，在那裡她認識一個人用馬匹來治療腦痲患者。回家以後她買下一匹馬，建立她自己的計畫，希望這項療法能用來幫助她兒子和其他人，包括遭不良安置在國家機構裡的年輕人。

＊＊＊

有年秋天，尼基塔正準備寫不變的返校作文「我在暑假做的事」，他開玩笑地放冷箭，「要怎麼說呢，說我在一間瘋人院度過嗎？」到了那一刻伊蓮娜向他透露，以他原本得到的診斷來說，他可能會淪落進一間瘋人院。「我記得我說出實情時他的眼神。」她說。如今在大學就讀，他用空閒時間跟身患殘疾的孩子一同度過。

尼基塔順利成長後，伊蓮娜有更多時間關注其他人，她解釋：「我不能放任他們什麼都不做。」她在二〇一〇年結識一位成功商人，他的女兒患有唐氏症。帝馬從沒見過唐氏症孩童，但是他拒絕接受醫生的「建議」，要他和妻子放棄她。「我不想移民。」他告訴伊蓮娜。「我要我的女兒在這裡擁有未來。我有錢可以捐。」

與帝馬和其他父母親攜手，伊蓮娜籌辦了一座叫「星雨」（Starry Rain）的中心。政府把一間位於地下室的倉庫撥給他們。這些家庭把垃圾清空，用他們自己的資金加上捐款，把原本空間轉變成充滿歡樂氣息的現代設施。伊蓮娜對廁所尤其驕傲。不僅是城市裡少見能容納身體殘缺人士的廁所，而且還裝上彩色磁磚，有許多動物畫像。由於她的開朗樂觀，她決定中心絕不要是「僵化、令人沮喪、社會福利機構式」的地方。這些家庭見過夠多那樣的空間，而她證明自己是一位有技巧的協商者，常以較低的成本得到她想要的。她施展魅力，讓建商在創紀錄的時間內完成工作，隨後有位富天分的母親在所有牆面畫上奇幻壁畫。

由伊蓮娜和一群同樣擁有熱忱和創意的專科醫生帶頭，針對不同類別的身殘孩童，這座中心提供個人電梯和免費治療，然而治療的涵蓋範圍比她希望提供的有限。最重要的是孩子能在這裡社會化，鼓勵他們發展。這也是父母能分享擔憂的地方，並學習如何在家中陪伴孩子。伊蓮娜試著從各地引進最好的做法，儘管網路上的資訊有時使人困惑，研究報告互相矛盾，充斥太多給與保證的神奇藥物，使父母立即沉迷其中。她尋找的是父母能複製重現的資訊和方案。「假如極其複雜、需要昂貴設備，那對我們不可行。我們有一大群小孩，必須仰賴我們僅有的資源。」她為擁有缺陷孩子的家庭籌辦夏令營，他們在那裡搭帳棚，分享經驗，目睹自己的孩子發展出意料之外的技能和自信。

她自己花錢到外地學習新的教育手法，回來可以教給職員和父母。在二〇一四年，她獲得一筆日益罕見的美國補助前往內華達州，看當地學校如何協助教育像她家那樣的孩子，變得負責任且具有勞動潛力。俄國雇主或許偶爾會錄用一位身殘員工，伊蓮娜說他們這麼做只因為「那是一件好事。他們不期望或要求得到回報。」她補充。「這僅僅強化了不適任的感覺。在美國，我見到這樣的年輕人可以做實在的工作並拿到報酬，即使只是把物品裝入購物袋或清潔地板。」

當官員目睹伊蓮娜成就的事，他們立刻邀功，急切想在中心入鏡合影。然而事實是地方政府幾乎沒有提供協助。偶爾遇到捐款減少，伊蓮娜必須延發薪水，然而運用她的說服力和人脈，她至少能解決問題。最終她設法讓中心的老師登記在本地學校的名冊上。

創立的第一年，中心幫助了一百八十三個家庭，是那些需要援手的一小部分。「星雨」如今輔導七百個家庭，還有人希望在偏遠城鎮分設他們自己的中心。伊蓮娜複製國外模式維繫長期的捐款人：由這些孩子主演的戲劇表演、運動競賽和烘焙販售。幫助建立中心的第一批父母全心投入。隨後得利於中心成就的那些人，未必全然理解維持這一切運轉的所需。這裡的人習於如此，伊蓮娜說她必須做得更多，好讓父母們了解他們是根基。這全是改變中俄羅斯的一部分。她開辦了一間付費學校，供給學習問題較輕微的孩童。她的希望是這兩間中心能彼此支援。

一位本地著名電視新聞記者的支持幫了大忙。瑪格莉塔・帕伏洛娃（Margarita Pavlova）的小女兒診斷出嚴重的自閉症。雖然建議是放棄她給國家照顧，帕伏洛娃像伊蓮娜一樣拒絕了。但是她求助的每一個人，對於該怎麼做完全沒概念。遲至二〇一〇年，帕伏洛娃說自閉症未得到公開談論或詳盡研究，儘管她投入全部努力，她說進展仍然極其緩慢：「本地的專科醫生一無是處，他們依賴數十年前的老舊資料，而全世界其他地方已經往前進，嘗試新方法和獲得正向結果的新研究。」她的孩子現在去「星雨」接受治療。

帕伏洛娃辭去新聞記者的工作，成為家庭和兒童問題的地區巡視官。她說她明白了一件關鍵的事：「我如何看待我的孩子，展現出的愛和決心，影響著社會如何看待她，和其他像她一樣的孩子。」

帕伏洛娃最初的其中一項嘗試，是起草新的倫理規範，使醫生無法再做他們嘗試對她和其他父母做的事——驚嚇且迫使父母放棄孩子。她也發起一項針對大眾的計畫，教育大眾熟悉如她孩子一般的兒童，且要求政府做到復健中心、教育和高品質醫療的公開承諾。

伊蓮娜描述近期的「歷史性」事件。她收到來自市政府社福部門的一封信，請她幫忙說服父母別放棄患唐氏症的小孩。「他們請求我們的幫忙！」她大聲說。

另一個眼前的大挑戰是對於領養和寄養的接受度，正在緩慢進展中。傳統上，俄國人只在裝作新生兒是自己親生的情況下領養小孩。女人常假裝懷孕來掩飾領養。如同在西方盛行已久的情形，領養的兒童鮮少知悉他們的人生起點。在俄國，這代表任何年紀大到無法「假裝」的嬰孩，註定流落至國家孤兒院。

一九八〇和一九九〇年代遭逢財務困難，俄國孤兒院的資金削減，然而留在他們門前的孩童數量增長。那些孩子裡有些是所謂的社會孤兒，被負擔不起養育費用的父母遺棄，或者因為父母失去親權而被安置給國家照顧，起因為毒癮、酒癮或服刑。這套體系超過負擔，絕望的俄國首度開放外國人領養。

一九九〇年以後，美國領養了超過六萬名俄國兒童，不過由於俄國開始復甦，呼籲「停止出口我們的兒童」的聲浪漸長。愈來愈多俄國人認為海外領養形成國際上的羞恥。二〇〇五年，車里雅賓斯克的兒童福利首長娜潔日達・葛特曼（Nadezhda Gartman）站出來反對海外領養，極端的例子除外。她幾欲落淚對我說：「我在飛往莫斯科的飛機上，一對外國夫妻剛領養一個小孩。我感覺他們帶走的是我的孩子，我對我的職員說，將來我們只在盡過一切可能替他們找俄國父母，或者患有我們在這裡無法適當醫治的病症，我們才會放棄他們。」

這些年來，緊縮的規則管制使俄國人見到第一個破口，有機會領養最年幼、最健康的小孩。俄國當局逐漸放寬國內領養，但卻沒有多少領養者。與此同時，外國人領養小孩耗費的時日愈來愈久、費用愈來愈高——即使這導致俄國兒童留置孤兒院度過關鍵的最初幾年，使身心問題惡化。

反對海外領養的力量持續發酵。俄國媒體在頭條刊出強烈煽動的報導，描述下場可怕的海外領養，凸顯在美國家庭照顧下的十九名俄國孩童死亡。兩件案例獲得特別報導，嚴重影響輿論。在二〇〇八年，二十一個月大的迪米崔・亞可夫列夫（Dmitry Yakovlev）死於中暑，因為他的美國養父把他留在炎熱汽車裡九個小時。當他父親隨後遭維吉尼亞州法庭宣判過失致死無罪，美國的寬大為懷引起廣大的憤怒。在二〇一〇年，七歲大的男孩孤身一人，被田納西州的養母送上回俄羅斯的飛機。她附上一封打字的信函，說這個男孩患有發展遲緩和極端的行為問題，她再也無法處理。

俄國當局的回應是暫緩美國人的領養，直到兩國對於篩選有資格的領養父母達成協議。但是經長久拉鋸的協議最終簽訂時，美俄關係再度破裂。美國國會通過馬格尼茨基法案，對俄國官員施加制裁，以回應謝爾蓋・馬格尼茨基（Sergei Magnitsky）在獄中的死亡。馬格尼茨基是名三十七歲的俄國律師，他試圖揭發龐大的政府騙稅案，損及一筆美國的投資基金。他的支持者說，馬格尼茨基遭蓄意不提供適當醫療保健，且最終被毆致死。俄國當局稱馬格尼茨基法案對俄國國內政治是傲慢的侮辱和無正當理由的干預。俄國議會以禁止美國領養做為報復。

莫斯科的反對運動當時到達高點，舉辦了一場反對領養禁令的激昂遊行。他們的口號是

「從殘忍官員手中保護我們的孤兒」。他們的抗議點明了國家沒有能力照顧本國孤兒，但這並未在國內其他地方引起效尤。俄國人大多聽信常失控的國營媒體報導，盡可能呈現美國領養父母最糟的一面。獲選官員宣稱，一個自給自足的國家應該照顧自己的國人。

在車里雅賓斯克，社會工作者對領養禁令暗暗震驚。他們曉得政府還沒有能力妥善照顧眾多俄國孤兒。他們曉得增加國內領養和寄養的努力，尚未獲得進展。每一天，本地的一個受歡迎網站刊出一位可領養兒童的討喜照片，領養他或她的幾行相關資訊，以及「我想要一個媽媽」的字句。然而身處車里雅賓斯克孤兒院的五千名兒童中，在二〇一二年僅有兩百名受俄國人領養。在那之後數字增加得不多。儘管傳布關於美國母親退回難相處孩子的一切宣傳，官員承認，同樣的事在俄國並不少見，只是未曾公開報導。

伊黎娜・布特黎娜（Irina Butorina）是地區社會服務機構的年輕官員。她為人直率，極富才幹，並且努力工作。「如果過去只有不孕的父母考慮領養，我們現在發現有些已經有小孩的俄國人前來接洽，因為他們認為這是該做的事。」但是她說，願意且有能力領養的家庭基數仍小，而且跟外國人、尤其是美國人不同，他們通常不願領養殘疾兒童。

正當外國領養爭議升溫時，一名十四歲的車里雅賓斯克孤兒身陷政治的障礙網。馬辛・卡哥波契夫（Maxim Kargopoltsev）與一對美國夫妻維持數年的聯繫，他們是住在維吉尼亞州伍茲塔克鎮（Woodstock）的密爾・沃倫（Mil Wallen）和黛安娜・沃倫（Dianna

Wallen）。第一次見到馬辛，是他們隨教會赴馬辛的孤兒院做義工時。馬辛有發展遲緩的問題，二〇一一年沃倫夫妻決定領養他，擔心讓他留在國營孤兒院的前景堪憂。馬辛期望搬去美國，把沃倫的姓加到自己的臉書頁面上。但是他的領養因馬格尼茨基法案中止。他的案例公開後，車里雅賓斯克的議員和狂熱的國族主義者謝爾蓋·范斯坦（Sergei Vainshtein）告訴俄國電視觀眾，俄國家庭領養更多小孩是重要的事。他說他準備擔任馬辛的監護人，他買給男孩一隻手機，為他的度假付款，而那就是他所指的「監護」。馬辛從未進入他的家庭，依然留在孤兒院。沃倫夫婦聯繫不輟，定期通Skype網路電話。目睹媒體宣傳失敗後，馬辛和沃倫夫婦如今害怕跟記者談話，避免事態惡化。

整體而言，俄國孤兒院不像大多美國人誤以為的那麼糟，但是它們是國營機構，情況隨不同的管理者而異。車里雅賓斯克八號孤兒院的條件沒得挑剔，是一間有著慈愛職員的完善設施。院長塔蒂亞娜·史密兒諾娃（Tatiana Smirnova）重整此地，將兒童分成十組她口中的「家庭」。每個家庭單位氣氛融洽，看護人在旁協助作業和其他問題，然而史密兒諾娃院長正苦於尋找適合的心理專家。儘管情況大為改善，她不會錯以為她的孤兒院能替代真正的父母和家庭。她偏好領養的父母是俄國人，不過我最後一次跟她談話時，她相信海外領養仍有需要進行。

她最大的挑戰是幫這些孩子準備好面對真實世界，這也是俄國社會服務界中常被討論的話題。史密兒諾娃說，聽起來或許奇怪，但是跟正常家庭環境裡長大的兒童相比，出身俄國孤兒院的孩子較不獨立，而且較缺乏照顧自己的能力。考量到對於童工的觀感，孤兒院不再讓院裡的小孩子洗衣或煮飯。他們不會被要求到院區園子裡挖蔬果。他們對理財沒有概念。當時機來臨，他們落得毫無靠自己生活所需的技能。他們習於接受救濟，因為提供手機和衣物給孤兒變得流行。那些救濟品在小孩滿十八歲離開孤兒院時消失。史密兒諾娃鼓勵行善者，要比餽贈或多辦一場感覺良好的耶誕派對做得更多。她說這些孩子亟需人生導師，參訪未來的工作地點，以及與真正的家庭共度週末，以體驗些許真正的家庭生活和責任。

被問到年滿十八離開孤兒院那群人的命運，伊黎娜．布特黎娜從社會服務的層面來看，形容這是個「棘手、難解的題目」。她的研究顯示，至多僅有百分之三十的人能期望獲得小康、穩定的家庭生活，其他則落入監獄，或者出於某種原因遭到忽視。據稱孤兒離院自力更生時國家會安排住房，但是那時常只比老鼠橫行的單人房好一點。假如他們真能得到滿意的空間，詐騙高手卻等著對這些缺乏生活經驗的孩子下手，哄騙他們為了一小筆錢而轉讓房產。還有更糟的，有些孤兒院員工占這些孩子便宜，把他們的房子據為己有。理論上這是個好計畫，實際上卻問題叢生。

對美國的領養禁令，已擴大至任何允許同志婚姻的國家。那嚴重限縮了海外領養。非政府組織和車里雅賓斯克的社服工作者預期，數千名孤兒將在可預見的未來留置於機構內。

蒙受最大風險的是生理和心理有缺陷的那群人，對他們而言生活環境依舊不佳。二十三歲的車里雅賓斯克居民納斯特雅．普拉托諾娃（Nastya Platonova），她試圖收養一個罹患罕見基因疾病的孩子時處處碰壁，而只能論斷這是因為收容這孩子的莫斯科孤兒院不想失去每月兩千美元的補助。

取名為瑪夏的孩子出生就遭到遺棄，診斷出崔契爾柯林斯症候群[1]，這種罕見病症的特徵是顏面骨缺失、耳朵畸形或缺失、聽力喪失和眼睛向外下垂。瑪夏被安置在莫斯科一間特殊需求兒童的孤兒院，她在那裡並未得到特別的照顧，連基本照顧都稱不上，儘管政府提供了豐厚的幫助。

納斯特雅第一次見到三歲的瑪夏時，她營養不良且對所有人、事、物感到恐懼。她無法說話或行走。她發配到助聽器，可是職員未曾把助聽器從盒子裡拿出來。納斯特雅買新衣服給瑪夏時，在孤兒院引起一陣驚慌。納斯特雅替她換衣服時才真相大白。瑪夏渾身瘀青，顯然遭到毆打。納斯特雅錄影存證，雖然協助她的非政府組織建議公開畫面，但她從未這麼做。她得到警告，官員或許會拒絕讓她收養瑪夏做為報復。

事實上孤兒院職員告訴納斯特雅，她想要這麼一個孩子是瘋了，把瑪夏貶低為身心永遠不會發展的植物人。他們盡其所能阻止納斯特雅收養她。孤兒院院長說，瑪夏的生母想把她找回來。但那不是真的。獲得收養資格的納斯特雅推測，職員不願讓她離開是因為這個殘障的孩子值錢，其他跟我談過的收養小孩父母提出類似的擔憂。在這個案例中，當局嚴重低估了納斯特雅。她最終到二十人組成的委員會前提交案例。她步出房間，到寒冷的室外等候，確信自己失敗了。一個男人衝了過來，是遲到的會議委員。他們交談過後，他投下贊成她的決定一票。

二〇一二年我初次見她時，納斯特雅有被誤認為不良青少年的可能。年方二十歲中段，她身形苗條，留一頭金色長髮，穿著牛仔褲和T恤。她已經生了一個健康的兒子，但是她相信神要她收養或領養另一個小孩。起初她計劃收養一個健康的小女孩，可是瀏覽網路上的資料庫時，她看到瑪夏在一個俄國非政府組織呼籲領養或收養的檔案裡。她說：「我立刻曉得她是我的。」儘管她臉部發育不全，瑪夏身上確實有某樣事物讓你想起納斯特雅。她的丈夫一開始贊成這項計畫，但是他們各自的父母都被收養一個「畸形」孫女的想法嚇壞了。她的丈夫變得退縮，當他退出收養計畫時，他們的婚姻瓦解了。納斯特雅繼續前行，填完所有繁瑣的文書作業，這次的身分是一位單親媽媽。

她選擇收養而非領養，因為領養的父母得不到財務津貼，而收養能獲得補助——雖然收養一個殘障兒童一個月獲得四百美元，比孤兒院拿到的少得多。她的親戚沒展現出支持，街

1 此症又稱為下頜骨顏面發育不全，台灣的羅慧夫顱顏基金會在這方面提供手術、語言至心理輔導的完整醫療。

上的人迴避她，對瑪夏的外表露出反感。有些人嘲諷地暗示她收養瑪夏只是為了錢，雖然補助金和所謂的免費藥物，僅能支應一小部分瑪夏所需的後續手術和心理治療。納斯特雅盡其所能拿出錢，而一開始幫她找到瑪夏的莫斯科非政府組織補足欠缺的醫療保健和諮詢費用。納斯特雅也常造訪伊蓮娜・瑟諾娃的「星雨」中心，她說那裡的感官訓練、體操課程、語言治療和處境相仿父母的社群，對她們大有幫助。她在另一座城市找到一位能力優異的心理學家。搭巴士來回一趟要三小時。

成為納斯特雅家庭的一分子後，現在八歲、身材瘦高的瑪夏聽得見了。她會說話，會跑步。經過似乎無止盡緊挨著納斯特雅的時期後，她現在會大笑，跟哥哥和其他人玩，而且愈來愈有自信。考量到她的罕見病症有多神祕，她的發展比任何人預期得更快。那是一段搏鬥，歷經嚴重的情緒爆發和令人驚恐的使性子，但是瑪夏一個月比一個月進步。有幾度納斯特雅說她不認為自己能應付這樣的挑戰，然而當瑪夏依偎在她身旁，納斯特雅說不只有瑪夏改頭換面，她也改變了。「她是一個禮物。我學到那麼多關於價值和自我認知的事，一切都是因為她。」

第八章　醫生

在動盪不安的一九九〇年代，艾德華．李賓（Eduard Reebin）醫師是車里雅賓斯克市八號醫院院長，並且樂見我來拜訪。八號醫院倉促建於一九三〇年代，以容納湧進的工人入住，他們被派來實現史達林的狂熱工業發展，醫院如今仍然是恣意擴展且錯綜複雜的兩層與三層樓的建物，僅靠泥濘或結冰的廊道居間連通。為了從一個醫療部門前往另一個，醫生、護士和病人須跋涉走過冬日冰雪和春天的汙泥。既缺乏效率且完全不衛生。醫院裡沒有電梯，而水泥階梯磨損得極不平整或光滑無比，直比玩命。

為替城市的牽引機工廠區域服務，八號醫院擠進的病人比原先規劃的多兩倍。這裡沒有特製的病床，更別提緊急求救按鈕，沒有病人生理監視器，設備原始而簡陋。當我問起有沒有足夠的血液透析機和呼吸器，尤其是設計給兒童用的，李賓醫師挑起眉毛看著我。他苦苦爭取，只為了獲得基本的抗生素和麻醉藥。

在蘇聯，醫療保健總是承諾的遠超過所能實現的。雖然技術上來說醫療免費，病患卻常得自己攜帶床單和枕頭，更別提手術用的手套和大多數藥物。診斷失誤比準確常見。假如病患不想留下巨大的傷疤，他或她必須提供手術線。中央醫院和其他服務共產黨精英的醫院裡有世界級的專科醫生，但是平均的醫生水準僅及我們認定的助理醫師。蘇聯崩解後，起初情況只是更加惡化，但是總算對世界上其他地方敞開門戶。

車里雅賓斯克那扇門在一九八九年六月四日一早打開，當時涉及兒童的駭人意外事件傳開，這種事會引來關注。交錯而過兩列火車上的火花，點燃一團低懸於軌道上的工業瓦斯，而火車載滿了前往夏令營的孩子。其後發生爆炸造成數百人傷亡，醫院湧進燒傷的年幼病患，蘇維埃醫生缺乏治療這類病患的方法和訓練。蘇聯官員做出不尋常的舉動，他們沒有隱瞞意外或後果。西方夥伴立刻志願提供服務，且獲准入境，甚至是仍然對外國人封閉的軍事重鎮車里雅賓斯克。

西方志工包括醫生和護士，帶來樂見的藥物和專業。他們建議採用新方法來思考感染控制，拯救許多生命。有些方法極其簡單，例如使用皂液來取代泡在髒水裡滋生細菌的肥皂塊。他們教蘇維埃同行新的開刀技術，他們帶來並引介壓力繃帶，一種相對簡單的方式來限制傷疤生長和肢體嚴重變形。這次的早期合作，成為後續技術交換的開端。

身材結實、四十歲過半的八號醫院李賓醫師，對於合作的概念感到興奮。一九九三年我初次與他談話時，數十雙反覆清洗使用的拋棄式手套晾在戶外曬乾。他瘋狂地爭搶尋找X光片，他依賴時而間斷的西方援助補充基本用品，例如抗生素。然而在打擊與混亂之中，他希望終究能開拓跟西方醫師的直接聯繫，從他們身上學習並改進護理。他希望車里雅賓斯克剛連上的網際網路，能成為教學的好工具。而藉著到西方旅行的嶄新機會，他希望避開公共衛生部的中間人，自行購入更好、更低價的設備。

他做了研究，而他發現自己能帶回更便宜、更優質的許多儀器。他從美國搭上回程飛機時，我們再次巧遇。有條只能說是非常奇特的首飾，像條奇怪的蛇環繞在他脖子上。那是二手內視鏡，對他來說是珍貴罕見的光學纖維儀器，能協助他改善腸胃疾病的診斷。內視鏡是美國醫生的餽贈，為了避免在路上被偷，他全程戴在靠近心臟的位置。

不過一等他回到醫院，他的片刻喜悅瞬間消失。當時是一九九五年，在他短暫離開期間，車里雅賓斯克的經濟情況更加惡化，他本已不足的預算大幅縮減了百分之五十。少得不夠買新設備，甚至發薪水和補充藥品。

他開始以物易物，有一間公司付不出稅金，遭威脅處以罰款或更糟的處置。「我跟那間公司的主管做交易。」他解釋。「你負債這麼多，我們醫院拿走那個數量的產品，可以抵掉你的稅金。」

李賓交易來管線，而且出人意表地找到那間公司沒能開發的買主。他用管線換得魚和肉品，接著他把食物補給帶回車里雅賓斯克，在市場上賣出，用那筆錢支付薪水和藥品費用。因為拯救醫院的種種操作，李賓被控貪汙。他耗費好幾晚研究文件，確保一切得到說明。他說重點是本地官員想藉由他替醫院賺的部分錢財來拉他下馬。他拒絕照做，且僥倖留在位子上。

不僅如此。隨後李賓在他住的那一區，獲選進入市議會任職。普丁繼任葉爾欽當上總統後浮現的穩定榮景，在最初鼓舞了他。李賓試圖改善這個地區的醫療保健，竭力遊說並且拿到預算，然而隨即眼睜睜看著管理不良、任用親信、缺乏策略思考和不斷滋長的貪汙，把預算吞食殆盡。

我們上次碰面時，剛退休的李賓心境絕望，他說貪汙只會愈演愈烈。我問道，車里雅賓斯克地區的公共衛生部長與幾位同僚遭到逮捕，此事件廣為宣傳有沒有給他信心。官員坐在桑拿裡瓜分數百萬美元不法所得時，一場全程錄影的戲劇性突襲把他們帶走。他們點收低於標準的廉價設備，開出價格過高的收據，把差價收進口袋，是常見的貪汙手段。這樁逮捕事件在全城興起震驚波瀾，但是李賓並未刮目相看。他指出逮捕不屬於真正的掃蕩行動；那僅是長期被指為貪汙的部長沒層層上繳而已。李賓認為醫療設備標案常受到操控。

他其中一個女兒來到市中心咖啡廳加入我們，咖啡廳鄰近這座城市的閱兵場，仍然有座高聳的列寧塑像守護著。李賓第一次談到他的過去，他的祖父母在鄉村長大，在那裡擁有足夠的土地餵飽家人。到了一九二〇年代晚期與一九三〇年代初，這類的人被貶稱為kulaks，即俗稱的富農。他們遭到逮捕，僅有的地產和財物充公。

他的母親還只有十幾歲，到車里雅賓斯克跟一位年紀較長的哥哥住，進新設立的工廠工作。有天她上班遲到十五分鐘，她被判入獄，但是德軍突然入侵，戰爭爆發，她轉而以「志願軍」身分被送上前線。在那裡她遇見羅曼，來自喬治亞蘇維埃社會主義共和國的亞美尼亞人，他們墜入愛河。她懷孕後獲准撤離前線回家，他們許下承諾，等戰爭結束就成婚。羅曼從未出現。

李賓說他在對父親一無所知的情況下成長，他母親只說他在打仗時被殺了。李賓把父親的形象幻想成英雄，是個為了保衛國家而死的英勇祕密探員。但是每到節日，沒人承認他父親的身分。這家人收不到節日的特別食物包裹，如同其他那些退伍軍人。他最終想通了有什麼不對勁，逼問他母親，她坦承他的父親遺棄了他們。

李賓為了當上飛行員而讀書，他在一個航空機構遇見來自喬治亞的某個人。「我們交談，我告訴他我的父親是喬治亞人。他幫我找到他，我們決定我應該去那裡跟這個狗娘養的對質。」

他這麼做了。他按下公寓電鈴時，一名老婦來應門。她見到李賓時倒抽了一口氣，顯然他長得像他父親的雙胞胎。她告訴他去哪裡可以找到正在工作的羅曼。「我準備好要尋求正義。」李賓說。當他見到父親時，反應不如他所預期。他父親看著他的神情混雜了震驚、訝異和喜悅。李賓記得他吐出一陣陣急語，用疑問的音調呼喚：「艾提克？艾提克？」這是那對年輕準父母說好要替孩子取的名字。接著李賓質問控訴他父親遺棄了他和母親，他父親有另一個故事要說。他給李賓看一封來自烏拉山脈的信，信上說他的妻兒在生產時雙亡。「經過那許多年後擁有一個父親。」李賓說，嘆了口氣。羅曼隨後勸他離開空軍，成為醫生。

那是李賓景仰的職業。他娶了一位醫生，李賓也鼓勵（她們會說是強迫）自己的兩個女兒成為醫生。她們後來辭職了，因為無法忍受工作條件和薪水。現在李賓發現自己試圖說服摯愛的孫女，別依循家庭傳統。「情況一團糟。」他說。

自從我在二十多年前第一次認識李賓以來，俄國的醫療保健大有進展，不過確實處於一團亂：政府承諾的免費醫療形成了費解的混合體，包括檯面下的款項、配額和貪汙。結果導致醫療品質多變，呈現時而優秀、時而低於醫療標準的組合。車里雅賓斯克現在有新的心臟病和癌症區域中心，但是只有一位外科醫生夠資格幫孩童動手術。蘇聯時期遺留大量偽科學，當時的醫療方法提倡氯浴和紫外線機，是在全世界其他地方早已捨棄的低價療法，不是缺乏效用就是絕對的危險。

醫生們抱怨醫療教育變糟而非好轉，學生有辦法買通醫學院的入學和結業門票，因為教授的工作並未得到適當薪水。而且由於醫療工作的薪水低得荒唐——每月幾百美元——班上二十個學生裡可能只有三位留在業內，而其他人利用獲得的訓練，到藥品業或相關醫療行業尋求薪水更好的工作。留下來的那些人偏好某些專科，例如整形手術，藉此賺取外快。

伊果・斯格里普柯夫（Igor Skripkov）是一位敬業的加護病房醫生，他困窘於找不到願意加入他這一科的學生，因為這是油水最少的科別之一。他很興奮網路和Skype網路電話能讓他向全世界同行諮詢棘手案例，但是他面臨部門內經驗純熟醫生的短缺。低薪以及持續缺乏設備使他備感挫折，例如病人生理監視器，再加上這是一間基本上該被拆除的市立醫院。雖然屋齡只有二十年，他的醫院就像李賓的八號醫院，各建物錯綜排列，配上漏水天花板和剝落的牆面。院長從各方面來說是個正直的人，盡了一切努力，但是他手上沒有太多籌碼。問到如何管理，年屆五十的斯格里普柯夫回答：「我們有腦袋和黃金般的雙手。我這一代至少習慣了從無生有。」

在城市裡，醫療服務比偏鄉好得多，然而居住條件欠缺吸引力。假如普通科醫生願意前往鄉間，政府承諾給與豐厚津貼，但是隨即無以為繼。在車里雅賓斯克市，醫生仍然會到府診治病童，展現公費醫療制度所能給與的最好一面。在較偏遠的村落，遇到危及生命的緊急狀況時，例如心臟病發作，你等的救護車可能永遠不會來。我在村落裡與年長病人交談，他們被醫生拒絕，轉述以下說法，「你老了，你還想要什麼？」不過我也認識一位住在市區的八十歲長者，他獲得優良的免費治療，付費住在國家資助的療養院裡等待康復。

車里雅賓斯克市的一位朋友，對於自己付錢賄賂感到羞愧，但是她說她沒有選擇。「如果我的孫子生病，我必須給錢，否則醫生不會以應有的方式照顧他。我知道我不該這麼做，因為我只是在延續貪汙而且無法改變任何事，但是關係到孫子健康時我能怎麼辦？我選擇我的孫子。」

接觸專科醫生與良好醫療的管道是不斷出現的討論話題，且完全仰賴運氣、人脈或金錢。醫療也是一項難解的問題，政府只免費供應特定藥物。在政府名單上的那些藥物，常不是最好或最有效的。醫生會在處方裡開免費藥物，卻隨即建議病患購買更適合的藥物，通常是外國製，由私人藥局供應，索價是許多人無法負擔的大筆金額。議院裡的國族主義者對國家依賴外國製藥物感到緊張，談論著要縮減進口。這個想法在網路上興起抗議聲浪，但是總統迪米崔·梅德維傑夫（Dmitry Medvedev）[1]仍宣布，到了二〇一八年，百分之九十的藥物必須由國內供應。那是個難題。

高度仰賴國外藥物和國外醫療設備，使俄國公共醫療體系陷入困境，且由於盧布對美元巨貶導致成本飛漲。藥物的相關決策生效仍有一段時日，削減國外設備進口的工作已在著手進行。假如有兩家或更多俄羅斯和歐亞經濟聯盟成員報名，外國企業參與的國家標案會遭拒，而聯盟成員如白俄羅斯、亞美尼亞和哈薩克，均不具醫療領域的專業名聲。考量到目前僅有百分之五的手術設備由俄國企業供應，像是斯格里普柯夫這樣已經面臨設備不足的醫生，預期問題甚至會惡化。他說連他的創造力也可能不足以彌補變局。

為了補貼醫生的基本薪水，現在醫院准許醫生對至多百分之十五的看病量收取費用。這些病人在更舒適的環境下，獲得周到的看診。事實上，幾乎所有的醫院管理者遠遠超過付費服務的法定限制，時常讓「免費」病患排在人龍裡或在走廊等候。

而為了滿足對於良好、適時醫療的漸增需求，現在私人診所得到醫治特定症狀的許可。只要到車里雅賓斯克市中心的街道上走一走，你會看見私人牙醫的廣告招牌，大部分不在國家免費醫療範圍內，以及眼科、過敏治療、家庭醫學、人工受孕和整形手術。以他們的專業（我見識過他們的優秀技術）和低廉收費來說，俄國整形手術如今吸引許多歐洲顧客。西方要三萬美元的拉皮手術，在俄國裝潢現代的乾淨診所可能開價兩千美元。這對大部分本地人是天價，但是對外國人則否。然而專長在燒傷而非縮小臀部的整形外科醫生，最近罷工抗議預算削減和缺乏支持。

僅僅車里雅賓斯克市一地，私人診所從二〇〇三年的一百五十間，變成今日的七百多

1 迪米崔・梅德維傑夫於二〇〇八至二〇一二年五月七日擔任俄羅斯聯邦總統，二〇一二年五月八日至今擔任俄羅斯聯邦總理。

間。一位醫生每週只要在私人診所看診一天，就能賺得比國家給付的月薪多。據塔蒂亞娜·佩斯托娃（Tatiana Pestova）醫師所說，政府正逐漸縮減某些專科的國營設施，並且愈來愈仰賴像她這樣的私人醫師，儘管政府不肯公開這麼承認。

佩斯托娃醫師是一間婦產科和人工受孕私人診所的主治醫師，補足了政府體系的缺陷。儘管克里姆林宮憂心出生率不振，但國家的人工受孕手術仍難以取得。直到二〇〇九年，住在車里雅賓斯克的夫妻得旅行數百、甚至上千英里尋求國家手術，接著他們在那裡得排進長長的等候名單。自那年以後，一間政府資助的人工受孕診所在本地開設，不過一年僅能服務一百五十對夫妻，占需求的一小部分。希望排進計畫的夫妻必須接受檢查，並且得到一個政府委員會的批准，大家都說過程受制於貪汙。超過四十歲的女人不符合資格，而體外受孕的藥物不包括在補助內，一般要價兩千五百美元。

在英國學得一身本領的佩斯托娃醫師，每年診治五千個病人。體外人工受孕療程得花一萬美元。她的辦公室潔淨無比且舒適，且具有罕見的效率風氣，不見排隊人龍。佩斯托娃說她對手下醫生要求很多，也相應付他們很多——是市立醫院薪水的十倍。她宣稱，診所的成功率比得上西方任何地方。她也發展了一項卵子和精子捐贈計畫，這是國家還未能在車里雅賓斯克提供的服務。

艾德華·李賓醫師熱愛無比、一度對此懷抱偉大希望的職業，如今得不到俄國人的高度評價——少於三分之一的人說他們感到滿意。經過二十多年對此主題的討論後，李賓說，「在當前的情況下，免費且有品質的公共醫療是場騙局——一派胡言，全是一派胡言。」

第九章　毒癮

在二〇一〇年的某個夜晚，一輛灰色廂型車停在公園路邊。它夜夜徘徊於車里雅賓斯克的其中一個鄰里，街區多半是蘇維埃樣式的公寓群，與最低劣的美國國宅頗近似。那輛廂型車等著某個人來敲門。無從判別它的來處或目的，它的行程並未公開，但是需要知道的那些人總找得著。

擠在車內的小組包括一位醫生、一位心理學家和一位曾經的毒癮者，他們全替「指南針」（Compass）工作，即本地受政府資助的愛滋病與毒品外展中心。受西方經驗啟發的「指南針」設立於一九九〇年代，當時美國和歐洲資金垂手可得且受官方歡迎。「指南針」現在從本地預算得到適度支持。

俄國官員處理吸毒和ＨＩＶ問題的動作緩慢。本地專家估計，現今每一百位車里雅賓斯克居民中至少有一位受到感染。這比俄國全國平均數字的兩倍還多，而俄國的全國平均感染率又是美國的兩倍。ＨＩＶ感染率持續升高，烏拉山脈和西伯利亞地區排在列表的最前頭。

ＨＩＶ猛烈擴散，原因來自一九九〇年代蘇聯解體後，海洛因使用者遽增。車里雅賓斯克受此影響尤為嚴重，因為這座城市是毒品自阿富汗往北運送的主要轉運點，而俄國官員抱怨美國軍隊並未盡力阻止阿富汗的罌粟生產。有些人甚至說美國蓄意這麼做，試圖讓俄國人染上毒癮。

回到「指南針」的廂型車中，二十七歲的娜塔莉亞．葛魯比亞（Natalia Golubiya）醫師從國營診所工作者的觀點，提出不同的描述，那裡的毒癮和ＨＩＶ治療專家仍然能力不足且過於苛責。穿著緊身牛仔褲和紅色毛衣，她把病患檔案、乳膠手套、針頭和試管擺在窄小桌面上。大家話不多。車內溫暖，但是昏暗街道上氣溫嚴寒，風把雪花捲進漩渦。小組不確定有誰會冒著風雪外出。接著傳來敲門聲，廂型車門滑開，一位年輕女子爬進車裡，雨雪從身上滴落，後頭跟著她的五歲兒子，女子來看她的檢驗結果。葛魯比亞立刻認出他們，面露微笑，她有好消息。這位海洛因成癮的女子是ＨＩＶ陰性，聽到結果後，她幾乎沒有反應並準備離去，這時葛魯比亞說還有其他消息。如同幾乎所有前來受檢者，這女子是C型肝炎陽性。葛魯比亞建議她接下來該怎麼做，給了她一些乾淨的針頭。

葛魯比亞和她的小組不會建議服用美沙酮，一種國際接受的海洛因成癮者療法。原因是美沙酮在俄國禁用，官員公開指責那只不過是另一種毒品。轉而採用的官方政策是鼓勵立即戒斷，而非美沙酮替代療法提供的逐漸戒斷過程。許多毒癮治療專家譴責這種方法無效，說毒癮是更加複雜許多且難以治療的挑戰，對於大多數案例，快速戒除毒癮無法帶來持久治癒。然而僅僅是討論美沙酮的正反兩面，就能引起暴力抗議，甚至是法律行動。在莫斯科，有個親克里姆林宮的青年團體驅散了一場座談會，席上科學家在探討美沙酮的潛在益處。他們譴責會議主辦方是罪犯，而且拿了西方的錢。官員也威脅在網站貼出美沙酮相關資訊的科學家。

紛擾如此之多，葛魯比亞醫師被問到美沙酮的爭議或缺失者時，只是聳聳肩膀。對於「指南針」至少能獲准執行一項交換針頭計畫，她心存感激。這或許不能遏止毒癮，但是看過針頭交換在西方的成效，她相信那是幫助限制ＨＩＶ傳布的一種方法。不過針頭交換計畫同樣具有爭議（如同在美國遇到的狀況）。葛魯比亞說很多人反對他們，因此廂型車不表露名號。「指南針」想避免麻煩。「許多人認為毒癮者和感染ＨＩＶ的那些人應該被隔離，」她說明時，那位女子和小孩在夜色中消失。「儘管不斷有宣導方案，」她解釋，「很多人仍然所知不多，而很多人只是不想知道。」

＊＊＊

「指南針」持續在城市中例行閃電造訪，幫高風險族群檢驗與治療，它擴展了教育計畫。但是針頭交換計畫中止了，一度張開雙臂歡迎外國投資人和記者的職員，如今不再願意會面。謝爾蓋・阿夫杰耶夫是開創「指南針」的年輕醫師，現在仍然監管這項計畫，他踏上了光明的政治生涯，需要全無二心遵循普丁的政策。許久以前，我們公開談過這個地區的問題，恐同症瀰漫在ＨＩＶ治療上造成的惡果，以及他對政府攻擊外國資金與合資企業的遺憾。類似討論明顯無法推進他的志向。

然而有位關鍵人物公然反抗政府對受訪的警告。在車里雅賓斯克帶頭對抗ＨＩＶ和愛滋病的亞歷山大・威古佐夫（Alexander Viguzov）醫師，是地區傳染病防治中心院長。這是一場艱辛的戰役，他拿起最近收到來自地方社會福利部的信，裡頭詢問患有傳染病的兒童能不能住在孤兒院裡。「他們仍然認為ＨＩＶ像感冒一樣傳染，而且不清楚這地區的孤兒院裡，已經有幾十個孩子染上ＨＩＶ。」有段時間，這通常導致有人大發雷霆，為了持續受忽視而憤怒不已。「即使我們不斷跟他們合作，他們一直提出同樣該死的問題。」

威古佐夫早在一九九〇年確診車里雅賓斯克的第一起愛滋病案例。首位病患是男同志。由於對待同性戀的極端負面態度加上政治經濟危機，地方當局定調這種疾病不是大問題，而且絕對不需優先處理。威古佐夫醫師的想法截然不同。他看過從莫斯科流出的資料，俄國首例愛滋病患於一九八六年在當地發現。他從國外獲取資訊，他了解危險正在增長。儘管他發出警告，地方官員卻忽視他達六年之久。值此同時吸毒者暴增，ＨＩＶ迅速擴散，而沒有投注努力來加以預防。威古佐夫相信，地方官員只在問題找上自己家門時才開始注意——當他們自己的孩子開始用靜脈注射毒品，且受到感染。

多虧了威古佐夫，對於感染者來說，在本地取得治療藥物不是問題。他說在西方能拿到的任何藥丸，他手上都有相等的藥物——雖然現在他擔心，公共衛生部會因為預算赤字增加而開始購買印度和中國製的低價仿製品，藥效較原本的差。他面臨的最大問題是太多感染者不來找他，還有很多人來的時機太遲。這是美國醫生面臨的同樣問題，但是俄國的狀況更加複雜。

美國醫生也在對抗ＨＩＶ的汙名。而在美國，你一定是做了什麼「錯事」才感染的印象，同樣導致許多人抗拒接受檢驗。但是這個問題在俄國特別嚴重，偏鄉地區的相關治療時常不適當且苛責病患，還常違背匿名的保證。

雷納德是個頭戴黑色棒球帽的瘦削年輕男子，在中心走廊見到威古佐夫的身影，衝上前去擁抱他。威古佐夫笑容滿面。雷納德是他的其中一個成功故事。「他知道他的血液細胞分析。我喜歡能跟病人談論細節。他清楚他的指標性，那代表他願意投入治療。」

雷納德得跋涉數小時來到中心，並確實獲得保密。身為曾經的毒癮者，他不能在村子裡洩漏他有愛滋病，否則會遭流放且失去技工的工作。「這裡不是西方。」他解釋。「法律規定他們不能開除我，但是法律不重要。假如我告訴任何一個人，就會發生真正的大問題，而且短期內情況不會改變。」

威古佐夫試過將曾使人望之卻步的地區傳染病防治中心，轉變成歡迎所有人上門求助的地方。但是當病患數增長，空間變得遠遠不敷使用，而且他的人手不夠，他奮力尋找願意進入這個領域的醫生。如同醫療專業的常見情況，醫生薪水低得離譜，每月幾百美元，而且沒有機會賺外快，不像其他專科能利用空閒時間到私人診所工作。我認識他的五年以來，他總是充滿熱情且心志堅定。如今來到六十歲過半，滿頭蓬鬆白髮，威古佐夫第一次顯露絕望的表情。

看起來他已取得進展——到二〇〇九年，新感染者的數字穩定下來——但是在二〇一二年，從每年兩千個新案例躍升至三千個，二〇一三年再度跳升。共用針頭仍然是主因，不過有愈來愈多新增案例是女性，透過未做防護措施的性行為感染，並且只在懷孕後檢測出來。其中有許多也是吸毒者，在幾年前感染，但是遲遲未接受檢測治療，直到症狀爆發。威古佐夫無法不開始估算，還有多少感染者仍然在外，拒絕接受檢測，儘管治療能救他們一條命，而感染者也不斷傳染給其他人。

現今未做防護措施的性行為與吸毒，已跟西方任何地方一樣常見，俄國人仍然在追趕超越。二〇一〇年我第一次跟威古佐夫醫師談話，他說欠缺納入教育者和醫師的有效計畫，他們仍然羞於談論性行為和HIV的散布。俄國的青年服務首長譴責學校施行性教育並無幫助，他宣稱十九世紀俄國文學裡極其含糊的用語和東正教會，才是性教育的最佳導師。

威古佐夫一刻不得閒，試圖跟他口中的「尼安德塔人」搏鬥。他的機構極缺人手，在提供諮詢和傳布消息上後援不足。他一直在路上奔波，擁有傳教士般的熱情，幫老師、學生領袖、工會代表和心理學家上課。一度集中於車里雅賓斯克市區的毒品和HIV，如今在偏遠村落和採礦小鎮遽增，在那些地方出現一百人中有一人的感染率，不是罕見情況。在一趟前往偏遠村落、且診斷出幾個人感染HIV的旅程中，他說他面臨到HIV不屬於俄國、「正常人」不會感染的「老想法」。他說女人拒絕在強制的產前檢查後繼續接受檢測，感染後透過母奶將病毒傳給健康的新生兒。他定期與本地穆斯林領袖和東正教會神父會面，他們遲遲不願介入，認為愛滋病是神給的詛咒。他希望他能說服一些人，採取更寬容、同情且具教育性質的方法。

在蘇聯，保險套品質粗陋且鮮少使用。一字排開的西方品牌，如今擺在每一處超市結帳台供人選購。俄國版雜誌愈來愈常提及安全性行為的話題，像是*Cosmopolitan*，但是威古佐夫說高風險的性行為仍是大問題。在絕大多數情況下，女人不願要求伴侶戴上保險套，擔心那會掃興。「我害怕受到感染，」她們告訴威古佐夫，「但是我甚至更害怕被拋棄。」他嘗試促使社群領袖不只談論性，而涉及兩性關係的本質。當我問他同志社群的狀況時，考量到公開討論的法律限制，他只是搖搖頭說：「沒人知道答案。」

對於毒癮者欠缺適當治療也使威古佐夫感到失望。普丁總統說過，法院可以強制來到庭上的毒癮者接受治療，但是國家毒癮復健診所稀少，而且專家廣泛譴責診所提供的治療殘忍、野蠻且無效。瑪利亞·柯洛索娃（Maria Kolosova）醫師說，毒癮者頭兩週被弄得昏昏沉沉，注射大量鎮靜劑使他們在戒斷期間保持安靜，接著留置而未提供後續治療。結果比無效更糟糕，她說。她是威古佐夫眼中拋棄這個領域離去的許多人之一。曾是診治毒癮者的年輕心理學家，她已辭去工作，不只是因為兩百美元的悲慘月薪，還因為種種粗糙的醫療方式使她無法達致任何成果。她現在做旅館櫃檯接待，賺的錢跟以前一樣，甚至更多。

復健診所多半放手由非政府組織經營，欠缺醫療專業，少有或全無監管。其中一項最具爭議的計畫叫「無毒城市」（Ciry Without Drugs），採用嚴厲而高壓強迫的手段。毒癮者的家人付錢，雇用無毒城市的員工抓住毒癮者，將他們拘留在中心裡，用手銬鎖在床上，在歷時數星期的戒斷期間，只提供水、麵包、洋蔥和大蒜。接著是數個月的強迫監禁，直到「毒癮者行為良好」。

中心發起人宣稱，他們的「苦熬手段」擁有驚人的百分之七十成功率，雖然組織實際上從未執行過追蹤研究。創辦人艾夫根尼·羅伊茲曼（Evgeny Roizman）是一位英俊、魅力十足的名人，做過一屆任期的俄國議員。他反覆說一旦ＨＩＶ測出陽性的人停止使用海洛因，ＨＩＶ就能治癒，那是另一個欠缺科學支持的宣稱。然而在毒癮和ＨＩＶ盛行，以及政府計畫不多的情況下，無毒城市的嚴格治療獲得大眾支持，包括名人、東正教會，甚至是某些迫切尋求解決方案的人權團體。

綁架、強迫拘留，以及一位年輕女毒癮者死於明顯的毆打，此類報告漸增使一些人重新思考他的方法。他的幾位職員因非法活動遭定罪，而組織本身曾公開承認遊走於法律邊緣。但是無毒城市仍然在運作，而且羅伊茲曼演出一場重大的翻盤秀，在二〇一三年擊敗了克里姆林宮推派的候選人，成為葉卡捷琳堡市長，即鄰近地區斯維爾德洛夫斯克州（Sverdlovsk）的首府。

威古佐夫醫師與其他非政府組織站在同一陣線，讚賞羅伊茲曼的努力，他相信他們比政府計畫成功得多。車里雅賓斯克的二十多所獨立毒癮復健中心裡，多數仍然維持志願收容，並反對羅伊茲曼的方法。大多數與浸信會和五旬節教會有關連，儘管遭到許多俄國人懷疑、貶稱為「外國教派」，這些教會在毒癮前線的努力已贏得不得不給與的尊敬。

車里雅賓斯克最早的一間毒癮復健中心與新生活福音教會有關，於二〇〇〇年開門營業，多達一百位左右的毒癮者安置於廢棄的破舊工廠裡。他們依循個人的自由意志前來，在這裡待上一年。大多數人每月給付約三百美元，但是對於付不起的那些人，治療課程免費。

生活條件簡樸，六名或更多住宿者共用一個小房間。男女分開；他們唯一的接觸來自女性居民把她們烹煮的餐點傳過小窗口，隨後男性居民把洗淨的餐盤傳回同一個窗口。

計畫的根基是禁欲、禱告、讀聖經，且由已經修業完畢的人提供諮詢。嚴格實行每日時間表，並懲罰違規者，如出言咒罵、抽菸或打架。懲罰包括抄寫一段聖經一百次或更多。計畫主持人說，百分之九十的人待完一年，接著前往中途之家度過另外六個月。這比政府提供的任何計畫時程長得多，且承諾給與長期的社群支持。

安雅．加特曼（Anya Gartman）從高中輟學，注射海洛因超過十年，直到她在二十五歲來到新生活福音教會。她的朋友們命懸一線，她則有自殺傾向。短期且無後續輔導的政府計畫並未成功。接著她遇見一位年輕女子，告訴她這個計畫。五年後，安雅徹底戒毒，成為新生活的員工。有雙清澈藍眼睛和金色長髮，簡單穿著高領上衣和黑色牛仔褲，安雅成為接受她輔導的絕望女子們的榜樣。她說她很幸運，因為現在來到中心的那些人，常染上比海洛因更糟糕的毒癮，更便宜卻更致命的混和物已取代海洛因。在二〇一三年盛行的一種毒品是自行調配的「鱷魚」；製作方式是拿當時街角隨處可得的可待因，混合汽油、塗料稀釋劑、鹽酸、碘，還有從火柴盒點火板上刮下來的紅色磷片。

「鱷魚」的名字得自在注射位置留下的腐蝕痕跡。上癮者的皮膚變得泛綠，且因血管凸起和周圍組織壞死呈磷片狀。最終用藥者渾身布滿膿瘡，免疫系統完全失效。

根據官方統計，每年超過七萬名俄國人死於毒品濫用，且毒癮者數量飛增。人口數約為美國一半的俄國，如今毒癮者卻與美國相當。

第十章　校舍和軍營

車里雅賓斯克最有名望的公立中學是三十一號學園，專精於數學、物理和資訊工程。為了取得入學資格，學生必須出席付費的週日課程，歷時一年，以證明他或她的本領，以及對嚴格課程的準備。雖然是公立學校，三十一號學園等於向父母額外收取五十美元的月費，在本地不是一筆小數目。不過這是在投資孩子的未來。這群學生常贏得全國與國際競賽，大多數將獲得位於莫斯科和聖彼得堡最佳大學的獎學金。許多人希望繼續就讀哈佛、麻省理工學院、史丹佛、牛津或劍橋。全國最優秀、最聰明的學生在這裡看不見未來，抱怨著：「資訊學、數學、物理和經濟領域的機會不足。」他們說俄國尚未明白，石油和天然氣不如開發新人才和新產業重要。

這些孩子從網路上獲得新知，幾乎全把國營電視台視為粗糙的宣傳手段，僅有少數例外。然而政治鮮少是他們的主要關懷；當他們最喜愛的新聞網站關閉或被政府拉攏時，他們不發一語。他們更關心自己在大學入學考試的表現，而且就像所有地方的高中學子，他們在網路上花幾小時聊天，使用臉書或與其相等的俄國網站VKontakte（接觸），談論戀愛和最新、最酷的下載內容。他們最常造訪的網站包括Google、Wikipedia、YouTube和電腦高手的部落格。他們的音樂偏好從古典橫跨到重金屬；幾個不同樂風的俄國樂團，以及Pink Floyd、AC/DC、Deep Purple同時列名他們當下的最愛。他們的閱讀範圍從俄國經典到各類型奇幻之作，包括喬治．歐威爾（George Orwell）既虛構又真實的《一九八四》。他們跟西方的同代人玩相同的線上遊戲，我去的時候以「遺跡保衛戰」（DotA）[1]最受歡迎，並廣泛下載俄國和西方電影，多數屬於盜版。他們風迷《阿凡達》、《駭客任務》、《魔鬼終結者》、《少年Pi的奇幻漂流》和《權力遊戲》影集，並且期待新的電影和電視影集。詢問他們的英雄是誰，許多人說沒有，其餘的列出一張奇妙名單，混雜約瑟夫．史達林、史蒂夫．賈伯斯、比爾．蓋茲和甘地。他們沒提到現在或過去的俄國異議人物，連安德烈．沙卡洛夫（Andrei Sakharov）[2]都沒有，他是俄國人權運動的英雄之一。

我問他們關於普丁的事。那是在他的支持度隨併吞克里米亞和干預烏克蘭東部而高漲之前。他們支持普丁，認為他是唯一可能擔任總統的人。問到未來有沒有可能在車里雅賓斯克發生反政府示威，他們全都搖搖頭。「不可能發生。」眾人一致這麼說。

俄國學校正費力留下好老師，甚至最好的學校也如此，例如三十一號學園。教師起薪在二〇一三年調漲，附加許多宣傳，提升至相等於月薪五百美元。但是到了二〇一四年盧布貶值，教師起薪與購買力盤旋於兩百五十美元。最高薪水與起薪間的差距並不驚人，教師必須尋求兼差，或從旁輔導學生好幾個小時，才能賺到足夠生活的薪水。

免費且良好的教育一度是俄國人的驕傲，但是中學學生若不為額外課程付費，可能很快就會限縮至只能上四個基本科目。假如學校名聲夠好，聲稱免費的公立學校校長已要求「捐獻」才接受學生，而父母常被迫補貼購買設備和修繕建物。在父母負擔不起這種錢且好老師難尋的偏鄉小鎮，如今教學條件貧乏。

五十多歲的伊黎娜．昆格爾蒂娜（Irina Kunkildina）和塔瑪拉．卡達山柯（Tamara Khadusenko）是獻身教育的老師，她們跟三十一號學園合作，推動一項叫「緊急救援」的付費課後方案，這是學園給老師有機會補貼收入的一種方式。這項方案提供輔導課、指導大學測驗，以及公立學校沒有的額外課程，例如電腦繪圖。

1 遺跡保衛戰（Defense of the Ancients，簡稱 DotA），源自電玩「魔獸爭霸 III」的一張資料片。

2 原子物理學家沙卡洛夫協助俄國開發出第一顆氫彈，後轉為提倡和平使用核能與開放俄國的人權，一九七五年獲諾貝爾和平獎。

伊黎娜和塔瑪拉持續留在這一行，儘管曾經歷像一九八〇年代晚期和九〇年代那樣的日子，當時她們不知道要如何餵養家庭。塔瑪拉回憶，當她無法親餵女兒卻又買不到配方奶的驚慌。暑假期間，伊黎娜兜售家中菜園種的馬鈴薯。她感到非常羞愧，為了不讓同事和學生看見，她跋涉兩小時到葉卡捷琳堡，而不是在車里雅賓斯克叫賣農產品。一如你聽過、而且將一再聽到的故事，伊黎娜和塔瑪拉說是女人拯救了整家人，因為男人還沒準備好埋葬驕傲，做任何能做的工作以求溫飽。她們說自己屬於幸運的一群，因為她們的丈夫不喝酒，而且終究賺得像樣的薪水，允許她們從事最愛的工作——教書。但是她們相信，蘇聯消亡的後遺症，至今使男人比女人軟弱許多。跟許多人一樣，她們談論國家的基因庫枯竭：太多男人在革命、內戰、整肅，以及隨後的第二次世界大戰中遭到殺害。她們憂心最好的基因如今已離國家而去。

她們都在蘇維埃的村莊長大，在那裡受到良好的教育，得到繼續升大學的機會。在那些日子裡，畢業生會分配到偏遠內陸地區教幾年書。她們成為優秀的教育者，現在這些女人悲嘆自己的村莊教師短缺，尤其是能力充足的那些。

她們希望將蘇聯制度裡最好的部分，結合新得到的自由，但這夢想未能實現：「要能忍受我們當前的貪汙現況，以及貧富之間逐漸擴大的差距是困難的事。」她們盡力跟結果如此惡劣的原因搏鬥，不確定該怪罪誰。塔瑪拉勸我再喝一杯攙和著藥用蜂蜜的茶，以驅趕風寒時，她試圖拼湊出一種解釋：「我知道我們眼前有一場戰爭，不是用武器，而是一種從外界圍攻的精神戰爭，或許原因是我們太脆弱了，但是我們也有罪，因為我們屈服於最糟糕的影響。」她們最擔憂的是她們稱為「道德衰退」的現象。

如今錢是通往一切的鑰匙。儘管範圍有限，課後方案曾受到補助。在她們的地方，如今提供眾多活動，但是要索取費用。學校沒有運動課程，於是父母從鄰近城鎮開長途車過來，幫他們的孩子報名冰球、足球和柔道課。女孩現在熱中於交際舞和探戈，催促父母替課程付費，雖然缺乏同樣熱情的男舞伴明顯是個問題。車里雅賓斯克地區現在也有數十個啦啦隊伍。沒錯，確實就叫「啦啦隊」，雖然是用俄語腔口音。

我偶然發現的一個隊伍，在破舊的前文化宮（Palace of Culture）租房間天天練習四個小時，動作熟練地避開布滿灰塵的蘇維埃水晶吊燈。由俄國體操選手組成，從七歲到十八歲的二十四個女孩重現影片裡美國和日本隊伍最好的動作，那是另兩個對啦啦隊運動懷抱熱情的國家。她們雇用的教練安娜達斯蒂亞身穿繡著「超級啦啦隊教練」英文字的T恤。有位隊員的母親奧嘉．特齊安是軍官之妻，手段高明兼管足球隊與啦啦隊，天天到場幫忙督促這群女孩空翻，彼此抬舉、拋接。當她們展開例行演練時，basket toss（籃型拋投）、chicken position（小雞姿）、flier（飛人）和catcher（底層）等帶有腔調的英文術語在寬敞大廳中迴響。穿戴傳統啦啦隊服飾、彩球和其他一切，她們在國內和國外競賽，並且在地方職業冰球比賽中表演，贏得響亮掌聲。

曾經讓所有人免費就讀的高等教育，如今免費的對象愈來愈少。現今大學入學制度複雜，對由國家資助和必須自行付費的學生皆然。對於領獎學金和付費的學生，每個科系的名額制度不同，學費依照學生選擇的領域而產生劇烈變化。較具吸引力的學門，例如法律、企管和行政，國家資助名額較少且學費較高——即使衰頹的經濟代表主修這些科系畢業生，再也無法找到他們預想中的工作。隨著俄國與中國建立更緊密的關係，有中文課程的車里雅賓斯克諸所大學的歐亞系，很快變成最熱門且學費最貴的科系。

收取大學學費創造了一批新的學生階級，他們覺得自己可以為所欲為，而且教授虧欠他們。這批學生顯然得到行政人員的支持，他們常收賄讓學生付費入學，接著告訴教授要做任何必要的事來留住金牛，即使那代表容忍成績不及格和作弊的學生。毫不令人意外，教授說高等教育的水準正在惡化。

在車里雅賓斯克教書的幾個美國人，對於不知羞恥公開作弊的學生數量感到震驚。師資培訓大學的一位傅爾布萊特（Fulbright）獎學金學者也被她學生的徹底冷漠嚇到了。當她播放幾篇ＴＥＤ演說影片，並且問他們對這些議題有什麼感想，他們說：「那不是我們該想的事。比我們有智慧的政府會做決定。」

對一度感到振奮的年輕教授來說，一九八〇年代末和九〇年代突然有機會去嘗試新點子，現在則是災難性的反轉。留在大學裡的那些老師說，他們是為了對學門的熱情和少數幾位用功學生。他們絕對不是為了大學的薪水，甚至比中學還低。

三十出頭的亞歷山大．荷瑞（Alexander Hollay）教授、他的妻子和兩個年紀尚幼的孩子，住在有兩個小房間和共用廚房的宿舍，無望搬往別處。他在其他地方利用不足的設備、在月光下教化學，縮減了研究時間。但是他熱愛他的專業，而且認為這對國家的未來很重要，即使政府不這麼認為。

身高超過六英尺，修長清瘦，荷瑞稱自己為愛國者。他想要學生珍惜俄國最好的部分，而且他想要他的國家強盛，足以在不受西方金融機構過度施壓下決定自己的命運。在他教導的科學、歷史、世界史必修科目中，他說明全球化的真相。為了捍衛自身利益，他主張俄國需要更具創意，且打破依賴石油和天然氣收入的現狀。

＊＊＊

對於國家持續致力掌控許多經濟層面，荷瑞不是支持者。他對克里姆林宮的計畫存疑，計畫內容是打造他口中的「假矽谷」。如同許多遭到忽視的聲音，他認為你不能像從菜單上點餐一樣，手指一指就得到比爾．蓋茲或史蒂夫．賈伯斯的才華。相反地，你需要藉由鼓勵大學研究機構和私人衍生公司[3]，在全國為輔導和創新提供誘因。

荷瑞擔心莫斯科的一意孤行，已證實具有先見之明。這項計畫要將以石油和天然氣生產、礦產和重金屬開採著稱的俄羅斯，轉變成吸引本地創新和科技創業家之地。計畫重心是斯科爾科沃創新中心（Skolkovo Innovation Center），一處投入四十億美元的新園區，在莫斯科郊區占地六百英畝。園區企圖容納高達五萬名研究者和科技專家。經歷光明的開端，有國外投資人做後盾，中心接下來必須應付貪汙風氣、經濟危機和政府補助的削減。普丁持續壓迫網路自由和意見的自由交換，使他進一步面臨資訊科技和網路服務產業的困境。國外投資人小心翼翼，而許多曾有意在祖國開創事業的俄國人，如今想方設法要走出去。

在大學裡，荷瑞的課程包括討論過去二十多年俄國產業的變化。他描述新業主如何在貪腐拍賣中賤價購入工廠，接著由於他們不肯投資，把工廠榨乾後，帶著獲利逃出國外。他訴說自己曾經受雇，協助車里雅賓斯克一間管線工廠發展策略計畫，跟像麥肯錫那樣的西方顧問公司並肩工作。過程令人振奮，一切發展順遂，直到管理階層認為這項任務過於昂貴，在當時原物料價格位於高檔的狀況下，決定工廠可以靠既有的業務過活。那些原物料價格已是過眼雲煙，公司如今後悔未能改革。荷瑞試圖告訴學生，此種短視近利的心態如何傷害了國家。他試著對學生說，別只會消耗是多麼重要的事。他們也必須創造。

在我遇見的一群聰明學生之中，他的課程得到最高評價。但是當我詢問他們能做什麼來改變現狀，他們感到難為情。沒人去過抗議現場，而且他們不認識任何曾到場的人。他們仿效普丁總統的話，用標準方式解釋穩定，雖然我問到他們的工作前景時，學生小心翼翼地坦承他們很擔心。儘管早在二〇一二年已有跡象指出，這座城市延續超過十年的榮景已走到盡頭。突然間，身穿柔軟毛皮背心、膝上靴和極短迷你裙的克利斯汀娜獨排眾議。「我厭倦受到操縱的選舉。我們就是知道誰會贏，而我們不能改變結果。他們把可能挑戰普丁的任何人解決掉。這使我感到悲傷。我不知道我能做什麼來改變局面。」她的同學不安地看向別處。

克利斯汀娜的英文流利，因為在美國度過一個夏天的建教合作計畫而感到振奮，那或許是美國國務院最成功的外展方案。二〇一四年反美主義爆發時，俄國政府中止參與未來領袖交換計畫，不再讓俄國高中生前往美國讀書。不過在我書寫的當下，大學生的打工度假方案仍然存續，儘管本地有位資深教授正對此發起聲討，稱此項方案是美國計劃洗腦俄國最優秀、聰明的學生，並且引誘他們留在美國。

在二〇一二年的高峰期，這項方案發給三萬二千位俄國學生簽證，包括數百名來自遙遠的車里雅賓斯克，利用暑假前往美國工作與旅行。克利斯汀娜在佛羅里達州一間度假中心擔任房務員。她很訝異，美國人不了解華府的外交政策在海外不受歡迎。美國人對世界其他地

3 意指大學研究機構投資的新創公司，或是向研究機構取得技術轉移而成立的公司。

方的無知，以及美國人對俄國的粗略想法使她大吃一驚，在他們眼中俄國不外乎由胖女人、會跳舞的熊、永恆的冬季和俄羅斯娃娃組成。她發現她自己對美國的想法也遭到扭曲，雖然或許了解較深。她在美國旅行時，貧窮和種族主義的跡象使她震驚，但是她也目睹了她不熟悉的堅韌適應力。那種情感不是她習慣的，「我們能比任何人承受更多」。她帶著新的體悟回家，更了解她口中的「俄國宿命論」：「那來自我們的歷史，來自數百年來人們感到害怕的時刻。它存在我們的血液裡。我們總是等著什麼壞事到來。假如某件好事發生，我們篤定壞事就跟在後頭。在我們的國家，你不能相信好事。只有出國的時候我們才放鬆下來，看見另一面。」她向我說這番話時，她同學的神情甚至更加困窘不安。

她的其中一個同學帝馬繼續讀書，取得政治學碩士，在車里雅賓斯克一所大學教地緣政治學。我第一次遇見他，是在我叫計程車的時候。帝馬是司機，賺取亟需的外快。

當時是二〇一四年，正值烏克蘭危機。車里雅賓斯克剛辦完州長選舉，是自從普丁不再指派地區首長後的第一次。為了替微薄的大學教師薪水加碼，二十五歲且有個孩子將要出生的帝馬，在投票前替地方政府執行幾項收入優渥的社會學研究。他說對於自己參與此種全然的鬧劇感到難為情，普丁指派的州長挾帶無庸置疑的優勢競選，以帝馬的話來說，任何真正獨立的候選人都不可能跟他競爭。法律規定，想參與的候選人必須取得現任地區官員的簽名，他們幾乎全都是普丁的忠實支持者，在非法操控下的選舉中贏得官位。對僅有一絲可能被視為真正挑戰者的人，當局盡其所能地取消他們的競選資格。設法得到參選資格的那些人，無法接觸受到掌控的主流媒體；不舉辦電視辯論會。

承認目前完全一片漠然，帝馬說他無從選擇，只能固執地持續樂觀以對，希望人們有天將會覺醒，在政治和公民生活中扮演更主動的角色。眼下他說：「我們生活駭人的部分是人們將自己的責任交給權力當局，並且相信他們更明白該怎麼做。」

＊＊＊

有一個領域，許多學生不讓當局替他們決定，那就是軍隊徵募。三十一號學園的孩子心志堅定，沒人想當兵，說那是「浪費時間」。他們就讀大學和研究所時，確保獲得初步的免役。當他們的免役資格在畢業那刻失效時，大學學生同樣痛恨入伍。

俄國男人按理要服役一年，但是要招募到優質新兵愈來愈困難，原因包括躲避徵召、害怕受到欺凌，以及一九九〇年代的人口危機。屬於服役年齡的年輕男性人數相當少，而近期出生率的微幅增長無法立即改變這個現象。逃避義務役成為一種藝術形式，睿智的父母們早早開始著手進行，慢慢建立一份可信的醫療紀錄，使他們的兒子被拒於軍隊門外。那些手頭寬裕的人付給醫師數千美元，偽造虛假疾病，或者你可以直接賄賂徵兵委員會的成員。目前車里雅賓斯克的行情約是五千美元。我認識的一個年輕人對於未來的徵召入伍甚至連肩都不聳，僅僅相互摩擦手指頭，做出廣為人知的金錢手勢。

軍隊被迫接受許多邊緣的、患病的、教育程度不佳的徵召入伍軍人，通常來自鄉間，以求維持軍容。即使如此，軍隊的新兵人數仍常常低於所需百分之二十。完成普丁增兵的計畫將是個挑戰。俄國空軍統帥在異常坦率的公開評論中清楚表達這件事，他說在二〇一一年加入空軍的一萬一千名新兵中，有超過百分之三十精神狀態不穩定，百分之十有酒癮和毒癮，而且百分之十五的人營養不良。新兵大多來自貧窮村莊。軍隊和一位我認識的年輕心理學家簽約，請他研究為什麼新兵人力的折損狀況如此嚴重。

普丁決心擴張國家軍隊，進行現代化改造。自從二十多年前蘇聯解體後，今日的俄國確實致力於最龐大的軍力集結。俄國執行演習的規模是冷戰結束以來從未目睹過的，且據北約所說經常侵犯歐洲領空。直到二〇二〇年，計劃投入五千億美元重整軍備。普丁力推這項計畫，甚至駁斥克里姆林宮內部某些憂心費用的反對聲浪。

但是俄國要從哪裡獲得必需的人力來延續這項計畫？

而今西方已截斷俄國取得高品質零件的信用與管道，國防工業如何能依照新策略的需求生產武器和其他工具？軍事工廠聲譽不佳，要吸引亟需的熟練人力進入工廠是一項挑戰。受過訓練的工程師和科學領域畢業生人數在過去二十年間驟減，導致舊勢力與外資新工廠間的激烈人力競爭，例如車里雅賓斯克的美國艾默生電氣公司，生產高科技監視器和工業用製程設備。如今俄國軍隊加入賽局，在車里雅賓斯克近期一場會議中，軍事生產設施提出一項計畫，讓畢業生替他們工作取代受徵召入伍。至於更進一步的誘因，他們提議將畢業生的未結清貸款和補助借款一筆勾銷。

俄國軍隊一直陷於形象問題之爭，開端始自一九八〇年代的阿富汗戰爭，而在一九九〇年代中期的第一次車臣戰爭期間爆發。這場戰爭的敵方，是俄國國境內尋求獨立的穆斯林為主地區。

年輕、未受訓練的徵召入伍軍，在缺乏適當補給品下送入戰場，他們的口糧常遭到上級竊取。當他們被殺身亡，家人有時未收到通知，因為長官繼續偷取他們的薪餉。屍體直接留在曠野上腐爛，或者未經指認，堆疊在冷凍火車廂中。我目睹從全國各地前來的父母，在停屍間翻揀，希望找到他們消失無蹤的兒子。

時至今日，吸引徵募新兵仍然是個問題——惡名昭彰的欺壓構成大部分原因，範圍從毆打、性侵到虐待，有些案例的下場是死亡。儘管多年來投入公關宣傳，人權分子說他們每年仍然收到數千起投訴，而且發生率明顯上升，而少數民族常成為受害者。夜間兼職當計程車司機的大學助教帝馬訴說，欺壓真實存在，而非軍隊口中的謊言。他認識的那些當過兵的人，大多目睹或親身經歷過。

描述軍隊欺壓的俄文字是dedovshchina，從「祖父」這個字演變而來，在俄國俗語中意指老兵。欺凌和暴力在獨裁統治者的軍隊裡歷歷可數，然而成為儀式的欺壓，也就是所謂的祖父體制，是一九六〇年代在蘇維埃軍隊中興起的。在那個時期，人脈較通達者已能設法躲避服役，許多新兵是從村落、甚至監牢裡徵召入伍。新入伍者被迫用任何方式替老兵服務。大多數人忍受下來，因為在蘇維埃時代他們沒有選擇，也無從抗議。他們抱著有天也會成為「祖父」的想法來安慰自己。戈巴契夫奪得權力時，這套體制遭到指責。由於日漸開放，軍人的母親開始說出蘇維埃軍營裡的暴力和體制，演變成要求改革的大規模運動。一九九〇年，她們宣稱蘇聯軍隊在前四年的和平時期或非戰鬥死亡人數是一萬五千人，而軍隊掩蓋了那些死亡。

軍隊回擊指控「媽媽們」的言論「不平衡」且「歇斯底里」，暗示她們屬於龐大陰謀的一部分，意圖摧毀國防。軍隊就算盡力威脅「媽媽們」並控制媒體報導，但廣為傾吐的母性哀悼、增長的新聞自由和大眾怒火，仍暫時在策略上勝過軍隊。「媽媽們」的運動在一九九〇年代滋長且持續下去，雖然她們的影響力漸漸衰減，原因包括氣力放盡、警戒提升、恐懼報復、西方非政府組織資助削減，以及俄國人不願資助如此具爭議性質的組織（在國內有些地區，媽媽們被貼上「外國特務」的標籤）。

在車里雅賓斯克，兩位活躍分子延續了「媽媽們的運動」，把運動重新命名為「新兵學校」（School for Recruits）。他們這麼做的必要性，來自車里雅賓斯克是某些最惡劣、最廣為人知欺壓案例的發生地，且在法律上未獲得解決。

二〇〇五年的新年前夕，八名士兵被酒醉的上級毆打數個小時。十九歲的二等兵安德烈·希契夫（Andrei Sychev）傷勢最重。他後續請求接受醫療救治，起初遭到拒絕。當他終於被送往醫院時，診斷出多處骨折和壞疽。醫師必須將他的雙腿和生殖器截肢。軍隊企圖向媒體隱瞞這起案例，命令醫師保持沉默。然而，醫治希契夫的其中一位醫師聯絡了「軍人媽媽委員會」，向委員會和他的家人通報這樁事故。

二〇一〇年，名為丁·薛卡尤沃夫（Dayan Shakyovov）的自由記者，於服義務役期間提交一篇報導。車里雅賓斯克的一家報社等著他的報導，但是從未送抵。相反地，報社收到通知說他自殺身亡。他的家人看見年輕士兵的屍體，舉報屍身布滿瘀青。他們的投訴和疑問遭到忽視。

二〇一一年八月，二十歲的魯斯蘭·艾德哈諾夫（Ruslan Ayderkhanov）從車里雅賓斯克一處要塞失蹤了。他的屍體在附近樹林裡被發現，吊在一棵樹上。當他的父母目睹多處毆打痕跡，他們雇用私人法醫專家亞歷山大·弗拉索夫（Alexander Vlasov）展開調查；弗拉索夫的職業生涯將在第十四章詳述。他推斷燒傷、瘀青和骨折代表自殺以外的死因。軍隊檢察官又一次宣告本案終結。有些本地人相信，艾德哈諾夫被殺的原因是他屬於韃靼族。不同種族間的施虐在軍中是常見狀況。結果在六年之內，以穆斯林為主的八百人小村落中，艾德哈諾夫是第三個死於高度可疑狀況的徵召入伍軍人。

根據「新兵學校」領導者阿列克塞・塔巴洛夫（Aleksei Tabalov）所說，三分之一的入伍者在服役的某個時間點會因受傷或營養不良入院治療，全屬官方不稱職或虐待行為的結果。俄國軍隊承認，問題的部分成因是缺乏職業軍官人員，那是任何軍隊要維持紀律和秩序的基石。俄國的徵召入伍軍人受到其他徵召入伍軍人或傭兵的控制，欠缺有效監管。改革至今未能改善現狀。

＊＊＊

如同每一個俄國城市，有座巨大的第二次世界大戰陣亡將士紀念碑在車里雅賓斯克樹立。年輕伴侶身穿愈來愈精緻的華服，前往紀念碑獻上敬意，並且在婚禮日到此拍攝益發講究的照片和影片。人們所稱的衛國戰爭[4]，是俄國人最後一場無爭議的勝戰（對於美國人而言），而車里雅賓斯克的工廠和工人在那場勝利中扮演要角。恆常點著火焰的大廣場，柯里亞和安娜在婚禮日獻上花束之處，是人們會興起感謝與懷舊情緒、並且對城市家國感到驕傲的地點。但是當一九四〇年代的退伍軍人冠上榮耀，許多隨後服役的軍人，投入阿富汗戰爭和俄國更近期的內戰，卻感到自身付出的代價過於高昂，且遭受忽視。

在十一月的一個寒冷日子裡，退伍軍人和年方二、三十歲的士兵聚集在戰爭紀念碑，與其說是彼此慶賀，不如說是向對方送上憐憫。一位打過車臣和達吉斯坦（Dagestan）戰役[5]的反情報中士說，「我不想談我的軍旅生涯」，暗指他見過或做過的惡劣行徑。「我熱愛我的國家卻痛恨這個政府，而且我眼中沒有一個人、沒有誰能領導我們。他們什麼都沒給就要我們去打仗。你眼睜睜看著年輕人靠自己拚搏，沒有後援，而我們返家後一無所有。我願意把生命獻給國家，但是假如我死了，這個國家不會替我的妻小做任何事。」站在他周圍那些人點著頭表示同意，大口喝下另一杯伏特加。

他們在俄羅斯民族統一日齊聚一堂，這是新的節日，取代曾經歡慶的蘇維埃革命紀念日[6]，當年舉辦的盛大閱兵行進穿越紅場，且在物資短缺時期供應食糧包裹給退伍軍人。在

4 指第二次世界大戰期間，蘇聯於軸心國的東線戰事抵禦德軍進攻。

5 車臣位於北高加索地區，大部分居民信奉伊斯蘭教，希望獨立於俄國之外，因此爭端不斷。近期的第一次車臣戰爭於一九九四年爆發，其後車臣維持獨立現狀。隨後車臣於一九九九年入侵東鄰的達吉斯坦共和國，俄國再度出兵，開啟第二次車臣戰爭。

6 俄羅斯民族統一日始自十七世紀初，在十一月四日這天慶祝俄波戰爭結束，終止波蘭對帝俄的政治干預。嚴格來說，俄羅斯民族統一日不算新的節日，而是一九一七年革命後捨棄的舊節日。俄羅斯聯邦於二〇〇五年恢復此節日，遭批評帶有推崇極端民族主義的意味。

普丁盡一切努力提倡國族自尊下，沒人對這個俄羅斯民族統一日的真正意涵了解多少，或是曉得該如何加以評述。至於這群在車臣和達吉斯坦攻打俄羅斯國民同胞的年輕人，在他們眼中「統一」擁有神聖光環。他們對於討伐「國家敵人」感到驕傲，卻因親身經歷之事傷痕累累，並且對戰後得到的對待心生憤恨。

而一群新的孤立士兵可能正在成形。俄羅斯政府否認手下軍隊正在烏克蘭東部打仗，且不公開承認在當地戰死或受傷的軍人和徵召入伍者人數。儘管呈現反面的具體證據，他們通常被稱為俄羅斯國內的訓練意外受害者。所謂的志願作戰者，常是「休假中」的軍隊或維安部隊成員，帶著形形色色的故事返家。有些人宣稱服役時薪餉極佳，除讚賞以外他們沒別的好說。其他人說他們受到欺騙，在武器不足的情況下打仗，收入微薄或全無報酬，甚至被迫竊取發送給人民的人道救援物資。愈來愈多 YouTube 影片湧現，「志願作戰者」在影片中駁斥官方媒體關於他們派去支援的親俄羅斯鬥士戰力，以及敵營中充溢的烏克蘭「法西斯主義者」報導。殘破景象與親俄羅斯的當地反抗者的殘忍行徑歷歷在目，使他們大感震驚，有些人坦承自己對參與戰事羞愧萬分。

每一位士兵和志願作戰者懷抱屬於自身的體驗，但那些體驗和官方紀錄之間矛盾漸長。對於阿富汗和車臣發生的公開戰爭，俄羅斯尚且未能達成傷亡人數共識，至於此項祕密行動的精確數據還需要多年等待。

第十一章　信徒

一九九〇年代初期，車里雅賓斯克湧入大批外國傳教士前來尋找失落的靈魂，如同俄國其他地區。改革為這國家的人心開啟了自由場域。所有教派齊聚國內，從瞄準伊斯蘭社群的土耳其和阿拉伯穆斯林，到將這片「無神的」工業荒漠看作垂手可得的美國傳教士。有段期間美國傳教士吸引了可觀的聽眾。俄國人確實感到迷失，在短暫片刻樂於向西方尋求答案，無論那條捷徑通往神、民主或合宜的生活標準。

週二晚間在前共產黨劇院登台的表演，絕對是布爾什維克人（Bolsheviks）[1]意料之外的場面。那是在一九九四年，基督復臨安息日會連續第二年重回此地。注意到廣播廣告和海

1 布爾什維克是俄國社會民主工黨的一個派別，由列寧領導，於一九一七年發起十月革命，此後演變成蘇聯共產黨。

報，八百五十人夜夜來此聆聽美國人講道，五個星期以來室內座無虛席。身後以全螢幕閃現照片和影片，帕斯特・保羅・沃弗（Pastor Paul Wolf）透過口譯要群眾展現出他們的喜悅，因為基督降臨至他們的生命之中。「再一次，」他催促著，「我們再唱一次〈耶穌永不變〉。」

基督復臨安息日會於革命前首度在俄國創建信眾，然而在蘇聯統治下遭禁。保羅・沃弗前來此地重塑信仰。俄國人不分老少安坐在硬椅子上三小時，聆聽聖經課、佈道會和保健講座。他建議群眾採用簡單飲食，只吃穀類、水果和蔬菜。提及攝取太多糖分的危險，他提出警告：「歷史上有個人非常愛吃糖，他的名字叫阿道夫・希特勒。他愛糖，那使他的身心失去平衡。你不會想成為那種人。」至於史達林攝取多少糖只有天知道。

全神貫注的聽眾也遭勸告戒菸，雖然經過數週的諮詢，大廳數百人中僅有七個人站起身來，說他們已戒掉菸癮。主要是女性，她們獲邀上台，致贈一面迷你美國國旗。在那段日子裡，小美國國旗在眾人眼中看來可愛。

在這一晚結束之際，坐太久而身體僵硬的群眾拖著腳步往前廳走去，排隊取回外套。有些人說他們受到直接、簡單而激動的寓意吸引——與俄羅斯東正教會的儀式和禮節形成極端對比。有個四十歲的男人告訴我，他覺得在這裡受到歡迎，他享受美國人的自在風格。他說所有的事都能夠理解，而且他喜歡美國人關照身體一如心靈的事實。然而大多數人還沒準備好把自己託付給任何特定的教堂。他們才剛開始探索宗教，還抱有許多疑問。

參加基督復臨安息日會聚會超過十次的人能免費獲贈一本聖經。那些聖經有許多流落街頭市集，絕望的俄國人在那裡販售所有可賣的物品。許多俄國人現身美國人的佈道場合，不僅尋求救贖和聖經，還有亟需的藥物、食糧和衣服。

共產主義瓦解後的最初幾年，東正教會處於劣勢，而在車里雅賓斯克亦然。西方傳教士精力充沛，而且他們提供一種社群之感。至於與蘇聯勢力合作的東正教會，長期遭受限制，在煙霧繚繞以外作為有限，窮於反擊。

布爾什維克革命後，所有信仰的成千上萬教士和信徒被殺或入獄。在第二次世界大戰期間與其後，一些殘存的宗教人物與共產黨達成不安穩的和解，允許開設數量極其有限的教堂，且受到高度管制。有些教堂拒絕遵守約定，維持地下身分，遠離威脅。基於長久歷史根源，東正教會對新掌權的國家最有用處。雙方彼此利用，視對方為必要存在。國家允許在數量有限的教堂裡佈道，開辦幾間神學院，但是不能外展至學校或社區。教堂高層支持無神論的國家做為回報。藉由忠貞地出席國際會議，捍衛包括人權在內的蘇聯政策，教堂成為外交事務上的有力聲音。

大部分教堂人員被成功籠絡，但是在一九六〇年代，一位名叫格列柏・雅庫寧（Gleb Yakunin）的神父膽敢質疑蘇聯政府限制宗教自由，且抨擊他所屬的東正教會領袖未能捍衛那些權利。一九八〇年代的大半時光他被流放關進勞動營，教會未曾提出抗議。蘇聯解體後，雅庫寧接觸到國家安全委員會檔案且將資料公開發表，他宣稱內容證明了許多教會領導階層是KGB特務。教會以開除他的教籍做為回應。在得到友好官員的協助下，教會此後設法審查刪除或抹消紀錄，制止了對其過往的後續調查。東正教會和克里姆林宮現在想著重的，是教會的殉道精神和歷史使命。

當海外闖入者舉辦福音佈道會時，東正教會著手重建教堂和鍍金圓頂，恢復財力，並向日益傾向國族主義的政府遊說爭取利益。東正教會位居俄羅斯民族認同與帝國的核心始自西元九八八年，當時基輔大公弗拉基米爾一世（Vladimir the Great）做出或許是國家歷史上最關鍵的決定：他選擇讓無信仰的基輔羅斯皈依拜占庭帝國的基督信仰形式，而非羅馬帝國的形式。結果導致俄羅斯鮮少接觸文藝復興時期的人文主義潮流。有些人主張東正教會信仰的神祕本質，結合其嚴謹階級制且與極權國家長期結盟，有助於形塑愚鈍而服從的人民。一五四七年，恐怖伊凡（Ivan the Terrible）加冕為全俄羅斯首任沙皇，並宣布莫斯科是「第三與最終的羅馬」，繼承了聖彼得的羅馬和拜占庭帝國，成為神聖之尊。

一九九三年的俄國憲法宣告政教分離，且明言在法律之前所有宗教團體皆為平等。然而一段時間後，克里姆林宮和議院非法偏袒他們所謂的四種國內「傳統」宗教——伊斯蘭教、猶太教、佛教和東正教會，而東正教會在力爭之下贏得確切優勢。在獲准販售免課稅香菸的短暫期間，教會進口全俄羅斯百分之十的菸草，賺進大筆財富。其他宗教人士坦言，無論已在俄國存續多久，他們時時得面臨公開歧視。

時至一九九〇年代末，對西方懷抱的幻想逐漸破滅。俄國人不只想成為西方的劣質翻版，開始尋找顯著的俄國認同。那是老早存在的想法，可以追溯至十九世紀，當時興起兩種運動——親斯拉夫派，提倡俄國的獨特發展方式；以及西化論者，堅持躋身歐洲文明的必要，包括其社會政治制度、公民社會和文化。

後蘇聯時代的頭幾年過後，受到新富階層和國族主義觀念壯大雙雙拉抬，東正教會找到較好的位置來切入爭端。教會再一次與政府緊密互惠。政治領袖尋求國家統一之際，教會首先得到葉爾欽的擁抱，成為他抗衡共產黨反對者的力量，接著是普丁。

普丁在二〇一二年競選第三個總統任期時，東正教會大牧首基里爾（Patriarch Kirill）讚頌他的得勢為「神蹟」。那篇聲明促使皆由女性組成的龐克樂團暴動小貓（Pussy Riot），其中三位成員到莫斯科救世主大教堂裡演出「褻瀆上帝的」禱告，祈求聖母瑪利亞讓俄國擺脫普丁。她們遭判犯下「受宗教仇恨驅使的」流氓行為，此控訴遭到三人否認，並判處關入勞動營兩年。她們說自己的抗議僅針對普丁和教會干預政治。

在短暫期間裡，嚴厲判決使一場辯論展開，論及教會的角色、教會與克里姆林宮的友好關係，旁及法制和西方勢力。縱然得到莫斯科自由派和西方許多人的掌聲，暴動小貓並未在他處獲得壓倒性支持。大部分俄國人對她們的風格和手段感到不安，而且許多人採信克里姆林宮的指控，說她們是西方資助的特務。

其他涉及教會的事件同時來到書報攤。媒體出現令人尷尬的報導，關於大牧首的私人住宅有多廣闊豪奢。接著有個部落客刊出一張照片，顯示大牧首戴著價值三萬美元的寶璣錶（Breguet）。他的新聞辦公室把教會網站照片裡的手錶塗掉了。要是沒犯下一個錯誤或許計謀能得逞：手錶的倒影沒消除，在大牧首身前的光滑桌面上清晰可見。

對塑膠門板製造商羅曼來說，這正好強化了他的信念，認為東正教會再次淪為貪腐政府的一項資產。他尋求愛國主義和國族自尊的不同實踐方式，理想上植基於法制和公民責任感。車里雅賓斯克的歷史學家弗拉基米爾．波士警告，更多問題將迎面而來。他說東正教會長久以來的悲劇是跟國家走得太近——隨後為此付出代價。帝俄在一九一七年革命前數年失勢時，東正教會跟著失勢；接著教會與新統治者達成協議，那些人現在被稱為共產黨魔鬼。

教會領袖行為的爭議對其地位影響甚微，而普丁利用東正教會的行徑產生複雜結果。根據民意調查，如今多達三分之二的俄羅斯民族人口說自己是東正教會信徒，儘管同樣一群人之中，有許多也說他們不真正信神。受洗和戴十字架是普遍行為。與此同時，我前往的數場成人施洗禮中，在場人士顯然對教會信條認識不多或一無所知；他們到場是出於傳統、愛國主義，或是一種原始的神祕主義。僅有一小部分人口——百分之五至百分之十——出席禮拜，或者做得比點一根蠟燭更多。教會仍然覺得信仰脆弱，尤其對於教會人士口中「不健康的」西方影響。在車里雅賓斯克一所大學裡，有位教授問班上多少人是信徒。四十位學生中約半數舉起手，但是其中幾乎沒有人能說出四部福音書作者的名字。總而言之，他評論道：「他們所知不多。俄國人的信仰非常特殊。」

總統普丁必須小心翼翼對待東正教會，在有用處時利用教會，而在他需要取悅俄國少數族群時則與教會保持距離，尤其是俄國廣大且擴增中的穆斯林人口。他在強調俄羅斯神聖根源與稱呼俄羅斯為多重信仰國家之間擺盪。他熱烈卻言詞模糊地談論愛國主義和精神價值，延續自俄國的過往。他反覆催促國家在俄羅斯歷史傳統中尋求指引，而非往西方尋求政治典範。

妮娜．蒂莫菲夫娜（Nina Timofeevna）是一位五十七歲的會計，她對於本國歷史的書寫、重寫與爭議感到困惑。對她而言，普丁的尋根說法根本行不通。她完全不確定該向過去學習哪種理想，她懷念伴隨自己長大的斬釘截鐵蘇維埃式愛國主義，但是她再也不能憑藉於此，也不想回到過去。她找尋著具有正面能量的事物，沒在教堂而是在人群裡得到慰藉——人們的復原能力、偉大情誼和熱情好客。她愛她國家令人嘆為觀止的景觀，她說：「這就是我的祖國。」跟許許多多的俄國人一樣，她訴諸浪漫詩人費多爾．圖契夫（Fyodor Tyutchev）的著名詩句：

俄羅斯不受心智剖析
也無法用尋常的距離衡量：
她的身分獨特，無從歸類——
對俄羅斯僅能信仰。

車里雅賓斯克對其他教派一直相當寬容，部分原因是本地擁有廣大的穆斯林少數族群，另一部分的原因則如同一位東正教會神父所說：「坐擁軍事工廠和蘇聯工業的車里雅賓斯克是一處教會荒原。」

在後蘇聯時代，車里雅賓斯克第一位東正教會大主教既不活躍也不具影響力。接替他的費奧凡大主教（Archbishop Feofan）被交付明確任務，要振興教會且擴展能見度。費奧凡大主教外表是一位留著雜亂白鬍子和必要長髮的矮個子，但他強韌、足智多謀、了解媒體且嫻熟政治。他設立公關部門並籌劃帶狀電視節目，那是其他信仰無從接觸的管道。在政府幫助下，他立刻取得一棟精華地帶的大樓，用以開辦教會學校。他開設一所戒毒中心；截至目前為止，對於福音教會已開疆闢土的此領域挑戰力度薄弱。

車里雅賓斯克的大教堂重新修建光彩閃耀的鍍金圓頂。教堂內奉獻蠟燭在聖像前燃亮，發出輕微爆裂聲，還能聞到晨間佈道時留下的隱約熏香。在一場訪談中，費奧凡大主教強調東正教會必須成為國家的統一力量，提升衰頹的愛國主義，並鼓舞傳統和價值的復興。他不顧憲法，呼應大牧首的說法，相當清楚地表明他不相信所有宗教應該同站在平等立足點上。「假如宗教不與社會發生牴觸，讓他們存在，但是那不代表他們應該立刻擁有已在此存續千餘年宗教的地位。」他敦促所有本地學校都應開設一門東正教會歷史文化的課程。其他信仰並未獲得此種關注，尤其是本地穆斯林信眾，而其根源早於東正教會的創建，構成至少百分之十四的當地人口。

對於認為教會和國家過從甚密、違反憲法的那群人，費奧凡耐心有限。實際上，他甚至樂見兩者關係變得更融洽，使教會單獨享有國家資助。「我認為政府應該資助教會的社會和教育活動，以及大教堂和教會的重建。」他說。而實情的確如此，顯然他成功說服了本地政府，替至少十餘座新教堂埋單。對於資金挹注的反應並非完全正面——納稅人在網路上提出顧慮，認為政府可能難以負擔這項支出。

費奧凡機敏地迴避教堂的貪汙問題，包括報導說他的六十歲生日慶祝會斥資五十萬美元。他僅僅說「人們很慷慨」。他不談論教會啟人疑竇的過去，將教會描繪為共產主義的受害者，忽視其他教派承受的苦難。在他看來，蘇聯試圖摧毀國家傳統與一整代東正教會領袖，導致一個偉大國家的崩塌。對他而言，教堂復生意味著俄羅斯的復生。

迪米崔．葉戈羅夫（Dmitri Yegorov）是一位年輕神父，住在車巴爾庫爾地區的偏遠小鎮，他同樣認為教會和俄羅斯的命運緊密交織。然而當他眼見鍍金圓頂再度聳立而歡欣之餘，他也相信神父必須在典範人物帶領下，做得更多來支持參與社群。他跟三個小孩同住在兩房公寓裡，生活簡樸，與此同時他要跟針對教會的控訴搏鬥，指其生活奢華且內部貪腐。

他的新教堂建於一九三七年被毀的一處教堂基地上，俯瞰隕石巨塊沉入的湖面。老婦人對信徒表示歡迎並傳授規矩，每一座東正教會教堂都有同樣的守門人，總是嚴厲斥責行為出錯的遊客。教堂舉辦不常見的主日學校，人潮出奇踴躍，在那裡父親跟兒子玩西洋棋，而女孩跟母親一起學習如何製作繁複的耶誕裝飾品。圖書館的志工隨時提供協助，裡頭有群青少年正在觀看影片並相互討論。有一處新設立的庇護所收容逃離家暴、酒癮和毒癮者，儘管缺乏專業協助。迪米崔也在本地軍營擔任隨軍神父，化解俄羅斯穆斯林和其他種族間的爭端，也要處理普遍的沮喪和絕望情緒。「我們不能強迫某個人成為東正教會信徒，雖然我相信那是真正的宗教。我可以做的是告訴年輕士兵，去完成學業並且替國家工作，對抗你不喜歡的事物。」他從最小的步驟開始著手：「停止咒罵，別再抽菸，在你往路上扔垃圾以前，先停下來想一想。這是個開始。」他不會談論離開軍旅生涯後他們該往何處去。

迪米崔神父跟鎮上的清真寺合作，但是他不跟其餘基督教派來往。他說，「東正教會是我們的根，我們的國家從中發展成形的根，要是我們轉而尋求新事物會鑄成錯誤。」

掌握權力的東正教會已逐漸對歧視其他基督教派火上加油，稱呼他們是「非俄羅斯的外國派別（sect）」（選用派別這個蓄意貶損的詞彙）。五旬節教會、摩門教和耶和華見證人尤其受到攻擊。基里爾大牧首曾說，跟美國不同，俄國沒有空間容納宗教生活的自由市場。他稱外國傳教士的活動是對國家安全的險惡威脅，在某些地區，東正教會私下運用權勢，阻止「非傳統」宗教群體取得法律規定的政府註冊。儘管憲法予以保證，東正教會運用「電話正義」，或說是口頭施壓，使支持東正教會的地區官員對與其競爭的宗教製造障礙。

車里雅賓斯克地區的宗教生活即使不是完全自由，依然呈現驚人的多元。四種「傳統信仰」之一的猶太教，在一九九二年重啟猶太會堂，雖然移民和同化已使信徒人數下降。猶太會堂由猶太教的極端正統派查巴德．盧巴維奇（Chabad-Lubavitch）信徒接手重建。儘管在此地根基尚淺，如今他們成為俄國主要的猶太人勢力，他們一直是普丁的熱中支持者。本地查巴德拉比（Rabbi）米爾．柯許（Meir Kirsh）從布魯克林來到車里雅賓斯克，一句俄文都不懂。他發覺這裡的猶太人社群裡，幾乎沒人說希伯來文或意第緒語（Yiddish）。在聖潔日前來猶太會堂的人數，從高峰期的五百人下降至約兩百人，而其他日子裡來的人寥寥可數。留著黑髮和長鬍子展現哈西迪教派（Hasidism）的傳統，柯許拉比拒退了許多人，或說是打消他們的念頭——對此他毫不在意。依據正統派法典，他說生母不信猶太教的就不是猶太人，即使蘇聯將他們分類為猶太人且因此蒙受折磨，即使他們今日自視為猶太人。他不鼓勵改信猶太教，自從他來此地後僅認可過一位改信者。

＊＊＊

就在這幾年，新引進的耶穌基督後期聖徒教會[2]已在一棟商辦大樓租下四樓的空間，在此舉辦的週日禮拜會眾約三十個人。八位傳教士主要是美國人，這些年在此地成果不彰。傳道部會長E．肯特．拉斯特（E. Kent Rast）說，經歷六個月的時間，在俄國中部一整片遼闊疆域內他們替七個人施洗，等同於摩門教傳教士在巴西花一天可預期達到的人數。俄國的挑戰比預料中更巨大，摩門教傳教士說，好消息是他們在車里雅賓斯克只面臨困難，而他們的弟兄姊妹在俄國其他城市遭到威脅和毆打。考量到國內國族主義升溫，摩門教人將減少美籍傳教士且更加仰仗俄籍傳教士。講本地語言的人是接受度更高的信使，但是人數依舊稀少。

排在東正教會之後，信徒最多的基督教團體是天主教、路德教派、安息日會和福音派，儘管遠不如一九九〇年代時各教會自我預期得受歡迎。雖然革命前就存在俄國，但他們未列入「四大傳統信仰」之內。歷史上這幾派教會的信眾是來自德國或其他歐洲國家的移民。有個浸信會傳教士告訴過我：「我們很天真，既不了解大多數俄國人多麼不接受我們，也不了解東正教會的力量，這股力量已是人民潛意識的一部分。」

如同我們所見，福音派教堂迅速設立亟需的毒癮復健中心和中途之家，從經歷創傷者和想幫忙的人之中，吸收許多信徒。但是他們將這項計畫延伸至醫院和監獄的努力卻遭受封阻。浸信會牧師維塔利・索柏列夫（Vitaly Sobolev）遭地方當局告知：「『我們跟東正教會有協議』，然後談話結束」——儘管這違反法律。索柏列夫必須持續對抗東正教會的控訴，指他的教會是「非俄羅斯的外國派別」，不過他行事謹慎地表示：「假如我們太活躍，聲勢太大，確定會引來麻煩。」他補上一句：「我們了解審慎行事的必要。」

正值反美主義滋長的二〇一四年，兩位來自威斯康辛州麥迪遜市的五旬節會傳教士，仍然得到前往車里雅賓斯克佈道的簽證。他們是有三個小孩的夫妻，么兒是俄國人。他們對自己的工作小心行事，利用免費英語課把人帶進教會，而非上街頭傳道，勸人改變信仰。

威斯康辛傳教士與神之道教會的牧師緊密合作。這位牧師跟美國關係久遠，有個小孩在那裡讀神學院，但是傳教士仍然觀察到會眾間增長的反美主義。儘管國家給與非傳統宗教不友善的對待，但本地福音教徒對普丁的支持仍使他們感到訝異，包括接管克里米亞，以及俄國在烏克蘭維持影響力的作為。美國傳教士跟政治保持距離，他們的目標是加強選任牧師，且在避免嚴密控管下協助教會活動。最終他們希望能在聖彼得堡「移植」一座新教堂。

2 俗稱摩門教。

有位認識已久的朋友是神之道五旬節教會信徒，教會跟其他福音派團體共用空間，即二十多年前我造訪過的那間前共產黨劇院。例行時間一到——週日的早上十點——魯塔・維利契娃（Ruta Vericheva）一家人會加入其他一百多人，隨著台上搖滾樂團演奏的活潑聖歌搖擺身體，聖歌字句播映在大螢幕上。魯塔想在她住的村子裡設立一間新教堂，距離市內半小時車程，但是地方當局清楚表明此項舉動不受歡迎。

身高近六英尺，長髮用夾子往後攏成一束，魯塔可能會被誤認為模特兒。二〇〇〇年時，她說自己狀況非常低落。她丈夫曾是柔道世界冠軍，喝酒喝到等同於自殺。他是本地名人，魅力十足，在常勝時期終了後不知道該做什麼別的事。她加入他那伙人一起酗酒，直到他們失去所有。女兒出生把她從耽溺酒精的恍惚中搖醒。她試圖離開丈夫，他的威脅無法阻止她時，他唆使當警察的友人對她施加威脅。她淪入躲躲藏藏的生活，接著她僥倖接替朋友參與交換計畫的名額，由美國國務院贊助前往美國。表面上以學習商業開發為目的，追尋景觀設計和園藝領域的興趣。她也找到了神。

在蘇聯時期長大，對宗教僅有最模糊的概念，她認為俄羅斯東正教會是唯一的基督徒。路易斯安那州的美國接待人給了她一本聖經，以及說俄語的宗教電影。她跟他們一起上教堂，當她回到車里雅賓斯克時，她開始去本地的浸信會教堂。她的第一任丈夫死於酒精中毒。透過她的教堂，她認識並嫁給一個戒掉酒癮的人。她跟伊果就此攜手建立成功的景觀設計事業。

他們在距離市內約三十英里處的村莊購入低價土地。昔日的國家農場破產了，而這塊地區不比垃圾場好上多少。他們開始一株一株地栽種植物，供應生意所需。她跟伊果仰賴少數幾位富裕的客戶，他們需要立即成形的花園，有終年盛開的花床、噴泉、蘭花，以及點綴著已長成樹木和灌木的林地。為了滿足客戶需求，他們在西伯利亞針葉林帶買進更低價的土地，在那裡種植冷杉屬針葉樹，這在車里雅賓斯克是需求極大的非本地樹木。他們建起自己的房子，一個房間接著一個房間，一層樓接著一層樓。現在成為舒適的空間，玄關擺滿小靴子和防風長外套，顯示養育好幾個小孩的證據。除了第一段婚姻生的女兒之外，魯塔跟伊果有一個兒子，他們也領養了兩個小女孩。

魯塔描述四年前她被帶往奧焦爾斯克（Ozersk）[3]的柵門前，那是劃歸保密行政區的核子武器生產城市，在那裡有一對姊妹待人領養。由於保安因素，她不被允許進入封閉的城市。小孩被帶到她面前，當著兩個女孩的面告訴她：「現在帶走她們，否則免談。」沒先跟丈夫商量過，她當下沒辦法做出這個決定，於是她拒絕了——並且整路哭著回家。後來他們領養另外一對姊妹。廚房和客廳滿是洋娃娃和樂高積木，還有一架寬螢幕電視。由衛星碟形

3 奧焦爾斯克位於車里雅賓斯克州北部，蘇聯在此設置工廠提煉鈾和鈽，一九五七年曾發生核廢料桶爆炸事故。

天線提供訊號，他們只收看基督教節目。

魯塔起初在浸信會教堂上「自我實現」課程，也參與本地的講座。她和伊果也讀完兩年期的神學網路課程，由位於加州的一所美國神學院開設。一待他們的生活多少算是安定下來，魯塔決定是時候幫助與他們有相同經歷的人們。「我們曉得有出路而且我們幫得上忙，不只讓人們戒掉毒品和酒精，還讓他們成為完整的人以及完整的社會一分子。」

他們在一間迷你邊屋成立復健中心，空間足以同時容納四個人。如同正統派基督教會推動的較大型療程，這裡採志願制且仰賴禱告和讀聖經。前來找她求助的人也在庭園裡工作，給付餐食、住宿和醫療照顧。大多數人中途放棄療程，撐完的那些人常留在這一帶替魯塔和伊果工作，成為全職雇員。

首先接受療程的是伊蓮娜，現在已是非正式的家庭成員。身形嬌小，留一頭深色長髮的伊蓮娜，在五年前來到這裡，看起來更像一隻受到驚嚇的老鼠，而不是如今渾身散發自信的二十八歲女子。她曾在本地城市的一間工廠工作，收入微薄。她說她身邊的每個人不是酗酒就是吸毒。她陷入同樣的生活模式，逐漸向絕望處境低頭。有個朋友告訴她有關魯塔和伊果的事。「我來到這裡，而我的人生就此改變。」她說。多虧了魯塔和她的景觀設計事業，伊蓮娜最近去了歐洲一趟，參加為期三週的觀光巴士旅遊。她擁有一輛車，現在她想找個正直的男人。

魯塔四十歲生日的宴會上，歷年來的朋友們在她家共聚一堂。派對裡沒有酒，當她的一位教會弟兄拿出吉他彈奏聖歌，魯塔帶頭輕柔唱出女高音時，有些來自她早年生命階段的賓客顯得不自在。魯塔對自己的宗教熱忱突然爆出一陣笑聲，她開口說話時，指甲修剪整齊的細長手指不時飛舞。「我愛神，」她輕聲對我說，「而且我可以一直談論祂。我無法閉上嘴巴，儘管我女兒覺得我是瘋子。」

當地村民也覺得她跟伊果很奇怪。荒謬謠言四處流傳，指他們是獻祭孩童的邪惡教派信徒。一直以來魯塔對政治不加理會，然而不同於教會裡的許多人，她日益關切她的國家走向何方。由於她的家族在波羅的海諸國擁有歷史根源，她正考慮到那裡買地，未來還可能移居過去。

第十二章　穆斯林社群

一九九四年的除夕，我困在車臣共和國首府格羅茲尼（Grozny）。車臣是俄羅斯聯邦裡一個地處南方的共和國，位於高加索地區。俄國坦克縱隊開進城市裡，鎮壓企圖獨立的勢力。這個穆斯林為主的地區與沙皇軍隊爭戰了一個多世紀，最終於一八六二年被征服，抵抗與殘忍鎮壓持續不斷。蘇聯解體後，車臣再度尋求獨立於莫斯科之外。我到一處地下室避難，此刻我結識的車臣抗軍——身分是老師、醫生、工廠工人和農民——正在頭頂上的街道戰鬥。他們認為自己沒機會打贏占壓倒優勢的俄國軍隊，但是他們決心做出英勇、榮耀的最後抵抗，預期迎來戰敗與獨立之夢的快速終結。他們武器不足，以自製的莫洛托夫汽油彈[1]

1 指在玻璃酒瓶內裝易燃液體的汽油彈，因製作方法簡單，又稱為窮人的手榴彈。

回擊。俄國的入侵極度缺乏組織，且軍人裝備與訓練嚴重不足，在出乎他們意料之外的情況下，車臣人摧毀了駛入城市的第一批坦克縱隊。

破曉時我探出頭來，目睹一場屠殺，俄國士兵的焦黑屍身橫陳路旁。他們的坦克車困在狹窄街道間，付之一炬，常出於自己人的誤擊。一輛落單的坦克車被逼進角落，瘋狂擺動炮塔，絕望地打轉，直到車內兵士放棄這麼做。他們得到善待。

戰爭耗日費時。俄軍採行的戰術愈來愈殘暴，包括無差別轟炸。車臣人以同樣手段回擊。一開始是車臣民族主義者爭取獨立的行動，在激進伊斯蘭主義者接手掌控後愈來愈具宗教色彩，且有部分是因為外國穆斯林參戰而使事態惡化。

經過一段僵局和一段不安穩的和平時期，以車臣起義人士對平民目標人物引人注目的血腥攻擊做為印記，戰火於普丁任職總統的二〇〇〇年重新點燃。這一次，莫斯科重挫車臣起義軍，夷平首都，那裡曾是五十萬人的家園。最終，莫斯科任命前革命分子拉姆贊．卡德羅夫（Ramzan Kadyrov）上台，形同俄羅斯的傀儡，且基本上不顧憲法，給他權力去做他想做的任何事，只要他能維持表面的和平。卡德羅夫制定他專屬版本的穆斯林律法，用來反駁起義人士。高壓獨裁、貪汙猖獗和嚴重違反人權，是莫斯科為了確保地位與後續掌控願意付的代價，即使並非絕對和平。對此地區造成大規模破壞，以及成千上萬車臣人喪生，人民既疲憊且驚恐。現在或許平靜，但是車臣共和國的命運仍在未定之天。

車臣革命領袖潛入地下，目標是在俄國的北高加索地區創建一個伊斯蘭國度。起義已擴散至鄰近的達吉斯坦、印古什（Ingushetia）、卡巴爾達－巴爾卡爾（Kabardino-Balkaria）等穆斯林共和國。這是俄國最貧窮的地區，此地人民因慘烈的失業率和廣泛的貪汙而醒悟。莫斯科採行的極端手段，只會導致宗教極端主義者增加。對年輕人的無差別逮捕和刑求，且時常於遭到拘留時失蹤，驅使更多新血加入鬥士行列，俗稱「遁入叢林」。可疑起義人士的家庭也常受到懲罰，摧毀他們的家屋。這一區域的人民愈來愈畏懼莫斯科維安部隊，超過他們對起義者的懼怕。

這跟數百英里之外、地處俄羅斯中部的車里雅賓斯克有何關連？關係可大了，而且愈來愈是如此。烏拉山脈地區有廣大的本地穆斯林少數民族，由巴什基爾人和韃靼人組成，遠在十八世紀俄羅斯殖民者到來前，他們就在此地生活。逃離北高加索地區爭戰的穆斯林為他們注入新血，也包括來自中亞的前蘇聯穆斯林共和國移民，地近車里雅賓斯克南方。

如同俄國的東正教會基督徒，這些穆斯林族群正歷經一場文化和宗教復興，而克里姆林宮惟恐今日在南部地區興盛的激進主義正移往此地。克里姆林宮應對的作為既愚昧、漫無章法且拙劣暴虐，截至目前為止發揮了作用，卻留下醞釀翻騰的憎恨。

克里姆林宮傳出完全矛盾的訊息。它給與東正教會龐大的優勢，將其描述為國家精神力量和傳統的根源，轉瞬間卻頌揚一群多信仰、多種族的人口。這並未得到俄國少數民族的欣然接受。而車里雅賓斯克的東正教會甘冒加重緊張局勢的風險，動用非法公帑建造更多教堂，已設立的卻離滿座相差甚遠。東正教會還想在學校強制加入教會相關課程。然而亟需清真寺和社會服務的穆斯林村落鮮少得償所願。

傳統上，俄國穆斯林是遜尼派擁護者，信奉溫和的哈納菲和沙斐儀法學派。也有許多蘇非派人。在蘇聯當局治理下，僅有的穆斯林宗教領袖順從遵守克里姆林宮所稱的「傳統」。宗教教育有限，就很大程度而言，伊斯蘭教限縮成一種民俗文化。較為開放自由後，獲取新觀念的管道湧現。許多人提問，在今時今日做為一個穆斯林的意義為何。由於極端主義在全球興起，以及俄國南方發生穆斯林起義，這些問題無論立意多麼良善，在克里姆林宮和教育程度不佳的俄國「傳統」穆斯林領袖眼中構成高度威脅。

國內受到國家認可的穆斯林權力當局，通常得不太到一般穆斯林的忠誠。他們的宗教資歷可疑，他們對基本伊斯蘭教教義的信守同樣啟人疑竇。許多人喝酒抽菸。他們通常跟謀求金錢權力的貪腐官員連成一氣，而且他們的腐敗和謀算使許多年輕穆斯林離群遠去。

克里姆林宮特別支持最乖順懦弱的穆斯林團體，這些團體彼此鬥爭，且將任何一個競爭者全指為極端主義者。最重要的是政府相信有好的穆斯林存在，對國家忠誠，而「壞」穆斯林是外國勢力的產物，目標是顛覆國家。為了掌控伊斯蘭教的復興進展，官員仰賴受到籠絡的穆斯林領袖，且逮捕持「非傳統」觀點的那些人。此種非黑即白的手法成效並不顯著。

一般而言，車里雅賓斯克的穆斯林復興是種鬆散的追尋，往民族和宗教認同裡探索根源與自尊。在被史達林關閉、且於一九九〇年代重新啟用的白色清真寺，一位年老男子坐在邊間辦公室的舊桌前，室內有幾把椅子。前來請願的人排隊等候，他們把盧布投入箱中，隨後老人為家庭紛爭、死亡或紀念日喃喃誦禱，他沒受過宗教教育。有個年輕男子匆匆上前，投入一些錢要求快速祈福，因為本地一間迪斯可舞廳將舉辦韃靼之夜，韃靼族男人希望能在那裡認識韃靼族女子。我問男子細節時，他建議我在晚上十一點以前來看看。否則，他說，所有人都會喝醉。那老人念著禱詞，只輕笑了幾聲。

曾擔任獸醫的里納特・雷耶夫（Rinat Rayev）是清真寺的穆夫提（mufti）[2]主管，且管理此地區的許多偏遠穆斯林社群，由此獲得金錢和權力。總統普丁的大照片高懸在他的辦公室，照片裡普丁頭戴小圓帽。雷耶夫的名聲來自他對國家的忠誠，以及他對危險、激進的「非傳統」勢力提出的警告。上一場總統大選競選期間，在星期五的佈道會上他告訴信眾投給統一俄羅斯黨，即克里姆林宮所屬政黨，以及投給普丁。

清真寺位於市中心，四通八達，距離聯邦安全局總部僅有幾條街。到了星期五中午，院子裡站滿等著禮拜開始的人群。他們依照本地巴什基爾人、韃靼人和外地移民分成一小群、

2　穆夫提負責解答伊斯蘭教的教法問題。

一小群，因種族和疑心而有所區隔。廣為周知的臥底警察置身人群某處，豎耳傾聽並盯牢一切。

三十歲的阿布杜爾說他試著忽視警察，以及雷耶夫穆夫提。他相信雷耶夫的服事對象是國家，而非宗教。他抱怨，雷耶夫說他必須說的，而那不是人們需要聽的。阿布杜爾來這座清真寺，因為他在附近的公園做生意。他專注於阿拉和禱告。

有著深色頭髮、皮膚與厚重鬍子，阿布杜爾立刻會被辨認為「外國人」。他搬到這裡以逃離祖國達吉斯坦共和國的動亂，那裡鄰接車臣共和國，同樣位處南方地區。儘管身為俄羅斯國民，他常遭到騷擾。情況不像莫斯科那麼惡劣，但是也不算好；在莫斯科，警察不斷擋下擁有「外國」臉孔的人。阿布杜爾說他必須搬家好幾次，因為遭到鄰居的不實控訴，他們不想要像他這樣的人同住一棟樓寓。

諷刺的是阿布杜爾在俄國軍隊中服役八年，與車臣和達吉斯坦共和國的伊斯蘭教極端主義者作戰。我們初次見面時，起義人士剛在YouTube放上針對他的死亡威脅影片，控訴他是伊斯蘭的叛徒。那段影片裡有他的照片，以及他家人在達吉斯坦共和國的地址。YouTube最終撤下這段威脅貼文。

八年後，阿布杜爾終於退役，因為他得知他不會得到晉升，原因是他的種族和宗教：「我的指揮官幫我申報獎章，但是我被拒絕，他坦承原因出在我有個錯誤的姓氏。他說他無能為力，那是最後一根稻草。我就此辭職。」

阿布杜爾的阿姨被起義人士殺害後，他加入軍隊。他說他認為自己在護衛祖國，但是當他目睹俄國勢力運作與自己遭受歧視的狀況，他的態度逐漸開始轉變。他也對官員間的貪腐心生厭惡，此行徑使他和他的兵士缺乏打仗的資金。他說他想替俄羅斯服務，可是俄羅斯背叛了他。

阿布杜爾左右為難，但是他坦承現在比較能懂那些想殺他的起義人士的觀點。「我不樂見政府處理種族問題的方式。」他說。提到北高加索地區常有年輕人失蹤以及對其家人的懲罰，以此做為恫嚇，他問道：「為什麼他們沒做任何調查，就殺害嫌疑人並摧毀他們家的房子？」除非政府改變政策，他預期北高加索地區與俄國之間的問題會擴大。「我們對俄國掌權者抱持的態度正在惡化。」他提出警告。

在我那間安全存疑的公寓裡，我們低聲交談時傳來一陣敲門聲。兩位態度禮貌的警察站在門外，有人報警說「一個外國人」住在這棟建築物裡，這次言下的「外國人」顯然是我。我略感不安，可是阿布杜爾嚇壞了，當他們的注意力集中在我身上時，他溜了出去。那是我們最後一次見面。

車里雅賓斯克市的主要居民是俄羅斯民族，不過一旦你跨出城市邊界，你會來到本地的韃靼和巴什基爾村莊。巴柴切瓦村（Bazhikaeva）的主要居民是巴什基爾人，儘管一眼看去跟其他任一俄國村莊無從區別。某些人的輪廓藏著一抹亞洲人的因子，但是那無法確切分辨誰是巴什基爾人，誰又不是，巴什基爾人的穿著不會讓他們有別於他人。房舍在俄國任何地方都可能見到——普遍的簡單木造結構，或蘇聯時期留下來毫無特色的單層白色磚屋。那些房子通常一間分給兩戶家庭居住。幸運的享有自來水，其他人仰賴設在戶外的幫浦。大多數房屋旁的簡陋棚庫，以木板搭就供家畜居住，院子裡堆滿飼育乾草，與成堆乾燥中的木材。牛、鵝和鴨漫步在泥土小徑上。

巴柴切瓦村已無清真寺，所以拉菲特．巴雅蒂托夫（Rafit Bayaditov）的五十歲生日慶祝儀式在家舉辦，由一位受人景仰的老人主持，他受雇為儀式的非正式毛拉（mullah）[3]。七十八歲的克里克瑪．伊薩圖林（Khrikmat Izatullin）暗中向父母學會祈禱文，二十年前他才公開表明自己的信仰。所有人坐在一張長桌旁，他輕柔吟唱樂音般的阿拉伯文，那是許久以前他還是個孩子時學會的。

過生日的拉菲特．巴雅蒂托夫是當地的共產黨員與村子裡的行政長官，他亮出黨員證來加以證實。最近他才開始信神，帶著皈依者的熱情宣稱：「我愛這些改變，已然發生的是最好結果。我們尋回巴什基爾語，還有我們的歷史。」他把甜甜圈切成不均等的兩塊。拿起小的那一塊，他說：「這是我們以前曉得的世界。」接著拿起大的那一塊，他說：「這是我們現在知道的。」

男人頭戴小圓帽赴宴，坐在長桌一側，繫著多彩頭巾的女人坐在另一側。拉菲特的女兒是教育程度良好的專業人士，現在住在城市裡，她跟其他女性家人在簡陋廚房裡盡職工作，像變魔術一樣召喚出熱湯。她端來一碗水。男人先在碗裡洗手三次，接著換女人。桌上擺滿蛋糕、餅乾和冒著蒸汽的茶壺。沒供應酒，不過一等毛拉離開，伏特加酒瓶就會打開。賓客接二連三分發銅板給其他客人，祝願未來富足。專門撰寫的生日詩以巴什基爾語吟誦。年長婦人的笑容閃現金牙，或是缺牙空隙。年輕人的笑容展現牙醫醫學改善的成果，在鄰近城鎮付出高價就能獲得醫治。人們談論拉菲特一生的改變有多劇烈，在俄羅斯人與巴什基爾人之間來回變動，而現在從城裡來的客人說俄文時比較自在了。女人們問我喜不喜歡丹妮爾·斯蒂爾（Danielle Steel）和潔基·柯林斯（Jackie Collins）[4]，那是她們買得到的國外譯本中最喜愛的作者，她們談論在美國生活的細節。想到她們的印象僅出自單一來源，令人感到有些不安。

巴柴切瓦村很典型。本地的集體農場在經濟改革施行時崩解，迫使人們自行謀生。年輕人試著離開，領退休金的人靠庭園裡的收成勉強度日。學校找不到老師，而診所在沒有醫生

3 毛拉通常指伊斯蘭學者，也有用法是指清真寺的教長。
4 兩位分別是美國和英國的暢銷言情小說家。

的情況下盡力運轉。長者常遭到告知，說他們不應期待獲得幾粒藥丸以外的醫療。拉菲特的女婿魯斯蘭正竭力改善巴什基爾人的命運，他表示，教育機會受限和大學的高學費構成嚴重問題，且必須得到解決，好讓巴什基爾人能在地方政治上扮演更重要的角色，如今他們的代表名額遠遠不足。

本地所有巴什基爾人和韃靼人的村莊都在努力擺脫貧窮。使阿爾蓋村（Arga）與眾不同之處是一座微小的清真寺。日出之時，藏於樺木林地的綠色喚拜樓從樹叢間冒出頭來。樓裡有個小凹室，婦女在此準備巴什基爾羊肉湯，盛入熱盤子，在星期五的聚禮過後供人食用。清真寺基本上是一間內室，由縱向拉起的綠色和粉紅色尼龍簾子分隔，一側給女性使用，另一側是男性。花色各異的多張地毯覆蓋地面，儘管未見到任何形式的暖氣，他們幾乎不做什麼把漸增的寒意阻擋在外。信眾可能總計二十人，多數年過五十，他們穿著保暖厚實，偏好套上老式羊毛氈靴來對抗雙足凍傷。年輕人出外工作，到這一區的礦場和工廠打零工。不過在星期六早晨，年輕人之中有許多會來清真寺上課。

在信眾擁護下，七十五歲的馬歇爾．伊斯坦古羅夫（Marcel Istamgulov）肩負當地伊瑪目（imam）[5]的角色，他曾在現已不復運轉的集體農場駕駛拖拉機。伊斯坦古羅夫以他還背誦得出的稀少古蘭經經文，帶領眾人禱告。他講述穆斯林有前往麥加朝聖的職責，接著介紹一位剛從朝聖之旅返回的年輕人上前，描述他的經歷。儘管對於這群貧窮農人和領退休金過日子的人來說旅費高昂，村裡至少有七個人已完成朝聖，這一帶還有更多人希望明年成行。

受過訓練的穆斯林神職人員短缺，尤其在像阿爾蓋一般的村莊更是如此。伊斯坦古羅夫完全是自學而成。他盡其所能激勵人們重返信仰，並遵循伊斯蘭律法生活，強調飲酒禁令。「你明白酒精對我們村落做過的好事。」他說。他得到一位當地農夫的幫助，即三十歲的維里雅德．亞庫波夫（Vilyard Yakupov），偶爾在夜間和星期六開設課程，傳授阿拉伯文和伊斯蘭教的基本教義。

亞庫波夫在本地長大，對於他的背景或伊斯蘭教一無所知。他的家人已完全俄羅斯化，而他的聰慧足以讓他進入地區首府的一所軍事學校。在亞庫波夫十九歲的一天，他描述聽見要他去禱告的呼喚。那是一九九八年。他問他的朋友，「那些尖聲喊叫」是什麼。「是你的教堂。」一位基督教朋友告訴他。「他們天天如此。」休假時他去看寺裡在做些什麼。他受到吸引，且持續造訪。

到了二十一世紀初，亞庫波夫得到沙烏地阿拉伯的獎學金，前往當地學兩年阿拉伯文。在那段日子裡，沙烏地阿拉伯獲准提供資助，雖然亞庫波夫相信本地穆斯林領袖設法竊取了大部分的捐注。

5 伊瑪目的阿拉伯文原意是「領袖」，在清真寺內負責率領眾人禮拜。

多年來在蘇聯限制下，俄國的伊斯蘭教教育水準低落，一九九〇年代通往外界的邊境首度開放後，許多穆斯林出國進修。政府如今不鼓勵這種做法，克里姆林宮以及某些受蘇維埃教育的穆斯林領袖，懷疑這批學生帶回「非傳統」想法，可能會助長逐漸升溫的極端主義。

克里姆林宮眼中的穆斯林問題已在這處小村莊上演。維里雅德．亞庫波夫被控散布極端主義觀點，這是一項觸犯刑法的行為，並且淪為惡鬥中的卒子，涉及俄國相互競爭的穆斯林高層、地方政治，以及追捕激進伊斯蘭主義分子的國家安全機構。三年來，指控、搜索、操控法律和高壓強權使穆斯林社群在驚恐下分化，並且成為對其他人的警告。

蓄著適度鬍子的亞庫波夫，在我們見面時毫不遲疑地與我握手，他說他想讓女兒接受教育。「他們如何發展要看他們決定。」他對我說。「我找到我的道路，而他們會找到他們的。」在我們的多場訪談中，幾乎沒有內容指涉他為伊斯蘭教極端主義者。他是虔誠的穆斯林和富有創新精神的農人，他相信他的紛擾開端，始自他在當地選舉中支持一位獨立候選人——那位候選人，他立即指出，並非嚴守教規的穆斯林，更不是極端主義者。他描述自己是一個有天分、正直的農人，能幫助這個地區發展。亞庫波夫看著選舉受到假選票操縱，而他提出抗議。與此同時，他支持在當地設立一所清真寺，獨立於受克里姆林宮關照的穆斯林團體之外。這一切把他帶入當地權力機關、受克里姆林宮關照的清真寺，以及國安機構的砲火範圍內。

亞庫波夫受到里納特・雷耶夫的公開譴責，即六十英里外車里雅賓斯克市的穆斯林神職人員主管。亞庫波夫顯然對他有所妨礙，因為亞庫波夫質問他的宗教資歷、他的行為，以及他推動對穆斯林社群與其資金方面的掌控。雷耶夫告訴主管機關，亞庫波夫曾要求推翻基督教徒，並使沙烏地阿拉伯人上台統治。根據雷耶夫的正式證詞，他並未提供支持這項說法的證據，僅有亞庫波夫赴沙烏地阿拉伯就讀的時間。亞庫波夫否認這些指控，說他們荒謬至極。村子裡年長的伊瑪目馬歇爾・伊斯坦古羅夫也否認他們的說法。事實上，村子裡認識亞庫波夫或上他課的人裡頭，找不出一個人願意證實諸多指控。不過聯邦安全局確實引用了局裡兩位駕駛的證詞，他們聲稱亞庫波夫試圖顛覆，吸收他們加入一個恐怖組織。在後續訪談中，兩人的親戚坦承他們遭到施壓。接著聯邦安全局衝進清真寺和亞庫波夫的房子裡大肆搜索。搜索行動沒收了大量書本和影印資料，在未閱讀任何內容的情況下，立即斷言那是極端主義者的著作，訊息很清楚。敵人甚至連此處都滲透了，俄國的偏遠之地。

為了打擊各種形式的極端主義，政府得出一份「煽動性」出版品名單並加以查禁。即使在非常初階的法庭上，仰賴資格可疑的專家，都能判定素材具有「極端主義」，迫使莫斯科將它們列入聯邦查禁名單裡。任何遭判定煽動仇恨的作品，都有可能落入這份名單，從新納粹主義和極端民族主義著作，到耶和華見證人和山達基教會的小手冊。但是禁令主要集中於伊斯蘭教書籍，在某些案例中，判定違法的原因是宣稱伊斯蘭教是唯一真正的宗教。大多數宗教都主張這一點。東正教會的教義問答手冊宣稱，東正教會的地位高於其他所有宗教。

亞歷克斯・馬拉申柯（Alexey Malashenko）是一位俄羅斯伊斯蘭教的專家，他曾表示：「禁止所有這些書是愚蠢的。」他主張：「假如你查禁瓦哈比主義（Wahhabism）創始人伊本・阿布多・瓦哈比（Ibn Abd al-Wahhab）族長的自傳，即植基於沙烏地阿拉伯的基本教義派，那麼你必須立刻查禁所有列寧的書和文章，因為它們也歧視不同階級的人。」馬拉申柯說：「問題不在於書，而是使用書的方式。」

雷耶夫穆夫提的說法是本案中不利於亞庫波夫的主要證詞，他屢次不理會出庭面對辯護律師的請求，而一再未解釋的缺席不曾使他背上法律責任。案件延宕三年之久，亞庫波夫被命令留在村子裡，無從販售他的農產品、購買種子，或者做別的生意來養活他的妻子和四個孩子。一切塵埃落定後，亞庫波夫持有的數百本書裡頭，僅有兩本證實列在查禁名單內，一本是伊斯蘭教法的研究。出庭的三位專家中，兩位表示這本書的查禁毫無根據，然而亞庫波夫遭判定煽動仇恨，罰金等同於五千美元。「假如我提倡或試圖推翻政府，我應該被逮捕。」亞庫波夫告訴我，「但是我的罪僅僅出於談論宗教。」

亞庫波夫一遭定罪，雷耶夫穆夫提受鎮長邀請來到鎮上，並挪出時間到村子裡拜訪。鎮上的集會在當地一間迪斯可酒吧舉辦，對謹守教規的穆斯林是種侮辱，而雷耶夫渾然不覺。雷耶夫再一次警告村民，留意人群之中的極端分子，他的話引來一陣騷動。伊斯坦古羅夫伊瑪目和其餘人稱雷耶夫為極端分子，因為他製造宗教和種族的緊張狀態，以及無事實根據的恐懼。雷耶夫和國家安全機構成功分化族群，並且將許多人從清真寺嚇跑，但是他至今未能全權掌控。「他有什麼權力來到此地，還威脅我們？他有什麼權力干預我們的清真寺，既然我們不屬於他？」伊斯坦古羅夫質問。「而鎮長有什麼權力插手宗教和我們的清真寺，清真寺不僅合法而且是我們這群信徒出錢建造的。」

在一場星期五的聚禮結束後，我坐在亞庫波夫和一群本地農民身旁，試圖把整起事件理出頭緒來。他們的解釋是鎮長想要雷耶夫和他的組織接管清真寺，因為亞庫波夫和身為村委會成員的伊斯坦古羅夫，對於貪汙和管理不當提出令他不安的質疑。他們認定亞庫波夫是容易得手的獵物，由於他曾赴沙烏地阿拉伯研習，因此身染嫌疑。對謀求表現的執法者來說，逮捕他有助於展現他們逮到令人生畏的激進分子。

亞庫波夫堅稱自己是俄國的忠貞公民，擁有許多基督教親人。他說針對宗教狂熱者的獵巫行動，僅僅孤立了正視社會正義問題的穆斯林，這群人探尋著伊斯蘭教在生活中扮演的角色。他也公開表示，雷耶夫與國安機構的聯手及其對國家的忠誠，使他無法回應年輕穆斯林的擔憂。過去許多個月以來，我反覆要求專訪里納特．雷耶夫穆夫提，但他從未回覆我的電話。

亞庫波夫與許多俄國專家相信，政府的重度干預政策可能正在製造它試圖限縮的那種極端主義。他援引政府禁止伊扎布特解放黨（Hizb ut-Tahrir）的決策，此種國際運動的目標是藉由和平手段建立全世界的伊斯蘭國。發布禁令時克里姆林宮主張，無論伊扎布特計劃藉由武裝或和平手段建立伊斯蘭國家皆無關緊要；重要的是伊扎布特的成員不承認現行的權力機關，且公開傳達反對言論。

在車里雅賓斯克和鄰近的巴什科爾托斯坦共和國地區，安全局逮捕了少數的伊扎布特解放黨成員，他們主要是巴什基爾族的穆斯林。他們未涉及任何暴力行為，然而指涉基層組織地下網絡的未證實報告已引起擔憂。有位年輕記者對此憂心忡忡，她在本地具影響力的網路新聞平台報導國安新聞。儘管逮捕人數不多，她說：「極端分子像雨後春筍一樣冒出來。」身為她希望見到政府強迫所有的穆斯林，在克里姆林宮掌控的唯一權力機關底下信奉宗教。身為一位東正教會信徒，她說：「我反對此種過度寬容，即我們需要尊重其他宗教的說法。」

***

經歷三年嚴重影響生計的調查後，維里雅德．亞庫波夫正逐步重拾生活，儘管他仍然受到持續的監視，他的朋友常被叫去問他在做些什麼。安全局要求伊斯坦古羅夫伊瑪目提供持續出席週六課程三十多人的名單，威脅他假如不從的下場是坐牢。伊斯坦古羅夫考慮再三後說：「我七十五歲了，他們可以關押我或殺了我。」他拒絕了。

亞庫波夫買入幾架老舊牽引機和收割機，修好以後販售賺錢。他生產品質極佳的蜂蜜，目前把錢拿去投資一群馬匹，準備釀造馬奶酒。這種馬奶發酵後製成的酒很受本地社群歡迎。至今他取得當地國有土地時仍有困難，即使那片土地荒廢無人耕作。

第十三章　人權分子

二〇一二年某個寒冷的十一月天，在車里雅賓斯克一所戒備森嚴的監獄裡，囚犯發起一場前所未見的和平抗議，反對持續不斷的毆打與虐待。他們宣稱，這是由意圖收取賄賂的監獄人員施行。多所拘留中心先前上演過小型抗議，數十位囚犯割傷自己表達對現況的不滿，然而此次抗議的規模，卻首見一千五百位囚犯幾乎全數加入。這一次，他們的抗議聲浪龐大，出乎意料地未涉及暴力，並且公開。有個委員會長期記錄此地區監獄內普遍的違法行為，但是檢察官和監獄人員一再忽視委員會的申訴。科佩伊斯克鎮（Kopeysk）上六號監獄裡的囚犯，終於到達爆發點，但是他們沒打爆任何東西，他們沒造成破壞，他們沒傷害任何一位警衛。而這是最終引來國際注目的原因。

那天是探視日。家人聚集在外頭，可是他們的探視在未獲解釋之下突然遭到取消。在裡面等待的囚犯衝破警衛防線。有些人跑上一處營房的屋頂，另一些人攀上水塔。他們在零度以下的氣溫中待在戶外三天，展示塗寫訴求的床單：「人們幫幫忙」、「停止虐待」和「終止敲詐」。家屬把手機拋過磚牆和鐵絲網，好讓囚犯能向世人描述進展。特警隊現身後，僅有的暴力事件發生了。未預先警告，他們開始毆打站在大門邊的家屬。這幅景象在網路上傳開來，全國各地的新聞記者無法漠視這件事，即使他們原本想這麼做。緊張的官員從莫斯科來到此地展開協商。

尼可萊·舒爾（Nikolai Schur）是一位人權分子，也是政府的監獄委員會中少數幾位獨立成員之一，他長期記錄車里雅賓斯克監獄體系裡的普遍貪汙情形。第一眼見到舒爾的齊平劉海和蓬鬆亂髮，讓我想起十六世紀的教會改革者馬丁·路德。在新興的俄國式奢華之間，他看起來像個苦行僧。他不抽菸，鮮少飲酒。他跟同一個女人結婚四十多年。塔蒂亞娜也爭取到一個委員會席位，他們兩人共組成有力的搭檔。

舒爾沒挨家挨戶張貼反對監獄虐待的布告，他採取更好的做法。他有技巧地應用偵探工作、囚犯證詞錄影、網際網路和無畏的新聞記者，確保資訊向外傳播，不像過去那樣遭到掩蓋。他鼓舞囚犯和他們的家屬，這群人靜靜忍受虐待和財務破產。

他跟塔蒂亞娜同在單一空間的迷你辦公室工作，位置難以辨識，由於一樓庭院的玻璃瓶回收作業，酒醉的人會帶著他們的酒瓶前來。在看似此路不通的破舊階梯之上，他們維繫一個人權組織的運作。踏進辦公室，你第一眼會看見安德烈．沙卡洛夫的肖像，他從一位核能物理學家轉變成人權鬥士，公然反抗蘇維埃強權，並且恰好在蘇聯崩塌之時過世。

他們盡可能四處募資，從俄國的私人捐贈者，到俄國政府的人權委員會，而最主要的來源仍然來自海外，例如喬治．索羅斯（George Soros）和美國政府出資的美國國家民主基金會。藉著謹慎記帳，他們挺過稅務警察讓組織關門的企圖。他們尚未遭宣告為「外國代表」——此危險貶稱常跟收受國外資金的人權組織連在一起，用來指稱定義模糊的「政治活動」。

如今年屆六十的舒爾是多種事物的混合體。他善於嘲諷挖苦，務實且有耐心，他憤怒而不尖銳。身為一位技術純熟的工程師，專精於度量衡方面的量測學，他對追求細節態度堅定。塔蒂亞娜是訓練有素的化學家，同時她也是個天生的外交官，散發使人鬆懈戒備的魅力。不僅是三個已成年兒女的母親，且不斷面臨挑戰和威脅，她看起來相當年輕，而且並非得力於俄國新近對整形的愛好。她的雙眼閃現自然光采。行事罕生差池，她同樣保有不減的熱情。

舒爾夫婦住在斯涅任斯克市（Snezhinsk），當地的研究中心近似於洛斯阿拉莫斯國家實驗室（Los Alamos National Laboratory）[1]。如同奧焦爾斯克，斯涅任斯克是俄國其中一個核子武器孤島城市，對所有人封閉，僅居民和持有安全通行證者除外。有段時間外界只知道這座城市的郵遞區號，在後蘇聯時代的名稱意味著「大雪紛飛」。早在一九八四年，尼可萊和塔蒂亞娜搬到郵政七十號，加入蘇聯科學精英的行列。在物資短缺的年代，塔蒂亞娜記得她在店鋪裡看到肉品時有多驚訝。每個人都有一間樓寓。蘇聯解體時，俄國經濟隨之崩塌，公務員時常領不到薪水，那包括核能科學家。塔蒂亞娜提出建議，或許核能研究者應該考慮朝多元領域發展；或許他們應該製造布爾喬亞消費社會想要的某種物品。「什麼，」她回想他們一臉驚恐地說，「妳要我們去煮砂鍋菜？」是的，那是她想到的一種可能，因為市面上沒有供應。討論沒有下文。政府起初獲得美國援助，恢復發放薪資，接著心生不滿的核能科學家把專業賣給出價較高的競標者，例如發生動亂的國家或恐怖組織。製造武器的工作持續進行。有過分拆新事業的作為，將核能科技供民眾使用，例如磁振造影和藥物，但是進展時好時壞。

像斯涅任斯克一般的保密行政區，不再擁有它們一度享有的光環，城市仍然在俄國能源部和國安機構的管轄之下。舒爾夫婦說，工作者再次獲得相當優渥的薪水，儘管考量到誰能進入保密行政區做生意的限制，物資供應已經不比其他城市充足。如同奧焦爾斯克，即同區域的另一個保密行政區，最常聽見的怨言是生活無趣。二〇一三年，斯涅任斯克一所科學機構裡有位獨特的年輕學生引發新聞，當時她寫信給普丁總統，懇求他有所作為，讓「禁入區」年輕人的生活有趣些。由於對某些人和行業的限制，這位年輕人埋怨無趣的店鋪和沉悶的娛樂活動，以及無法邀請外地友人來訪的失意。她的信激起又一場辯論，關於保密行政區究竟該不該開放。由於後續興起的間諜恐慌，以及與西方漸增的軍事衝突，這項爭論已無聲無息。

舒爾夫婦繼續住在斯涅任斯克，通勤到車里雅賓斯克工作，因為他們若是賣掉公寓，在這座首府城市將無法換得差不多大小的空間。有個女兒跟他們同住，生下雙胞胎後丈夫遺棄了她，其中一個孩子患有重度發展遲緩。然而年輕人大多試圖出走，城市人口正在老化。據塔蒂亞娜所說，僅有的好處是此地戒備無比森嚴，因此很安全。你不必把車上鎖。

一開始促使舒爾夫婦從事公民行動的是城市裡的汙染，成因是蘇聯的忽視。一九八〇年代中期，戈巴契夫開始鬆綁威權統治，環境保護成為俄國人得以公開抗議的第一個「安全」議題。在一九八八年的一個宜人夏夜，我目睹社運人士在莫斯科一處公園裡首次舉辦公開集會，地點離克里姆林宮不遠。數百人到此聚集，面露困惑的警察守在兩旁。群眾對自己的膽量不敢置信，每隔一分鐘就四下張望，心想鎮壓何時會開始。講者小心翼翼，敦促支持者謹守汙染議題而非政治，集會平順地持續下去。那是終結的開端。

關於一度遭到掩蓋的工業和核能意外事件，愈來愈多資訊流出，使得環境保護主義的黃

1 位於美國新墨西哥州，設立於第二次世界大戰期間，負責執行研發核子武器的「曼哈頓計畫」。

金年代擴及全俄羅斯。一九九〇年代初期，俄國議院通過一項法律，規定釀成汙染的工廠和機構必須繳錢給一筆獨立基金，用於清除汙染。尼可萊·舒爾留意到旁人沒看見的細節，他立即掌握機會。他申請在斯涅任斯克市運作當地的環保基金，並且獲得批准。

他立刻發現，在全國最大的幾家汙染排放者之中，僅付清一小部分積欠金額。他強制要求他們付款，而他的麻煩自此展開。一位過去曾任警察首長的市政高層官員來找他，提到他手裡掌控一大筆錢，要求分成。「今晚帶兩萬盧布給我。」他下令。舒爾拒絕後，這位官員指控他將基金用作私人用途。尼可萊·舒爾的檔案夾愈積愈厚。

與此同時，舒爾設立一間獨立的研究實驗室，在飽受貧窮打擊的國內遍尋罕見器材，並且雇用專家。在那段血脈賁張的時光裡，在熱情和勇氣大多消逝以前，本地核能工作者指出危險性最高的地點。舒爾和團隊人員展開他們的首次調查。他們找出數十個「熱點」，許多鄰近學校或遊樂場。有些案例測得的輻射指數是規定量的四千倍。

他把調查結果製作成一部影片，拿去地方電視台，在「長官出去尋歡」的週五晚上播放。舒爾的悉心記錄拍攝和市內的高罹癌率，說服當班職員同意播放。看見這部影片播出的居民，立刻開始打電話給當局。週一早晨，聯邦安全局探員來到舒爾的辦公室。當時他意識到「我的命運已定」。

輻射外洩最嚴重的核子武器機構，立即指稱舒爾的報告是連篇謊言。接著城市居民籌辦一場會議，邀請他和機構代表共同出席。聯邦安全局反覆警告舒爾，別在會議現身。警察和政府高官也加入干預，發出警告要他缺席。「當然，」他說，「我去了。」當時機構的安全主管告訴聽眾：「沒有需要擔心的事。」為了安撫大眾，他補充：「畢竟我們是政府官員。」居民並未放心，而舒爾建議大家帶著測量設備一起去可疑地點查驗。這時機構主管轉身面向他，用大家聽得見的音量斥責道：「我受夠你了。我們會把你關進牢裡。」而他們確實這麼做。

舒爾在牢裡關了六個月，等待接受指控他濫用基金的審判。官員希望長時間羈押會逼迫他放棄抵抗，承認某些違法罪名。他不准接受妻子探視，也不能收發信件。在那段時間裡，他們有個女兒正在拿美國政府的獎學金讀高中。為了避免讓她難過，舒爾最終獲准只能寫信給她。他一次寫了二十七封信，捏造關於平凡乏味生活、過生日和季節變換的消息。信件交到他妻子手上，她每週寄出一封。據尼可萊所說，他女兒瑪夏還沒原諒他的欺騙，抗議說：「要是我知情，我會發起聲勢浩大的活動！」

如同我描述過的，舒爾行事謹慎。他的財務資料維護良好。最終當局聲稱他總計竊取三百美元。為此他跟塔蒂亞娜雙雙獲判緩刑兩年至兩年半。如此判決確保他們未來參與公民運動將受到限制。為急於表示當局偽造證據，並重獲繼續從事人權工作的資格，舒爾提出上訴。檢察官私下坦承，他承受維持有罪判決的龐大壓力，警告舒爾若是繼續堅稱清白，後果會更糟。舒爾撤回上訴。儘管如此，檢察官搶先一步聲請更重的判刑。在隨後的審判中，法官問舒爾對判刑是否滿意。「當然我不滿意。」他說。「那麼你為何不上訴？」法官問。舒爾解釋他是怎麼受到威脅的。法官運用有限的權力，試著提供協助。經過長久的審慎考慮，他做出巧妙處置。他維持原有判刑，卻實行特赦，如此一來尼可萊和塔蒂亞娜將來在工作時就不致受限。

自那時起環保基金停止運作。企業不再付錢，即使法律規定如此。葉爾欽總統在一九九六年連任後，發聲支持人權組織。向來對政治風向機警的舒爾，很快向地方當局註冊新的非政府組織，給與他從事一系列公民運動的法律地位。他申請且獲得國外補助，在那段日子算是成果豐碩。他跟塔蒂亞娜創辦一份地方報紙。他們出版《世界人權宣言》，有位當地編輯嘗試過這麼做卻無功而返。踏出這一步雖然看似平凡，然而當時尚無網路，舒爾說這對封閉的核武城市來說等同於「一枚炸彈」。

舒爾夫婦擴展了調查範圍。環保議題對他們依然重要。最具爆炸性的顧慮，是將輻射魚販賣給學校、孤兒院、醫院和老人院。

好消息是公眾壓力使政府清整已受輻射外洩汙染數十年的某部分土地。在劃歸為嚴重汙染區的特定湖泊禁止捕魚，卻允許從受汙染的魚身上割取魚卵。這些魚卵被認定安全無虞，許多卵被運至乾淨的水裡孵化。這門生意的執照常落入最高層官員的親屬手裡。但是這批廣結人脈的商人並未滿足。對想賺快錢的人而言，捕撈販售毒魚和孵化魚卵的誘惑太大了。他們拿不到在公開市場賣這批魚的執照，但是透過人脈，他們開始供貨給未起疑心的政府機構，例如學校和孤兒院。

舒爾發現這件事，並且寫信給新當選總統普丁的地區全權代表。回應立即到來：「沒有問題。」舒爾又寫了一封，這次他的信帶著諷刺：「我不了解地區總統全權代表的角色，由於這並未在憲法中載明，但是現在我了解這個角色是在掩飾當局的犯罪。謝謝你讓我開了眼界。」

總統的全權代表用坐牢威脅舒爾，對於這種威脅他早已見怪不怪。這次的罪名是出言侮辱政府。舒爾問：「原因何在？」他提議他們雙方均檢驗有疑問的魚。

舒爾邀請記者和其他人為他的調查做見證。警察封鎖道路把人們阻擋在外，並且把記者反鎖在他們的旅館裡，不讓他們外出，但是有幾個逃了出來。出席的一位高官再度對他發出威脅。

這一次當局失敗了；媒體報導一面倒的態勢太盛。然而這是新聞自由的終局，來日普丁將會箝制大部分的全國電視報導。他指派的車里雅賓斯克州長會負責管好地方媒體，一九九〇年代的盛世已逝。

因為尼可萊和塔蒂亞娜仍然居住在封閉行政區，他們的朋友不能前往拜訪，無論俄國人或外國人都一樣。不過在封閉區外他們也有一棟破舊的村屋，是在二十一世紀第一個十年過到一半時購入的。買下這棟房子前，舒爾先檢測土地和當地水質以排除危險。他發現一塊安全區域，縱然被毒物包圍。這看起來跟舒爾在某些地方很像，因為他在一片貪腐世界裡維持罕見的良知之聲。

這棟村屋距離他們在斯涅任斯克市的公寓有四十分鐘車程，離辦公室所在地車里雅賓斯克市有三小時車程。有天早上他們來地區首府載我，駛離車里雅賓斯克市時，我們在路上的rinok停下來囤積物資，那是一處擠滿攤販的中央市場。舒爾專心工作時可能會面露嚴肅神色，而且具有良好理智，不過假如你在市場遇見他，他就像個孩子。他的嗜好不多，而品質良好的俄國食物是其中之一。在二〇一四年西方施行制裁以前，貨架滿滿的超市四處可見，塞滿種類繁多的進口食品、熟食和加工食品。但是rinok仍舊是真正的農夫市場，這類型的市場在美國文化擴展之時，在如今的俄國已愈來愈少見，因為愈來愈多住在都市的俄國人變得對便利著迷。這處「中央」市場跟市中心有段距離，而且價格較貴，不過氣氛依舊迷人，而且農產品美味可口：這裡有多種自製香腸和煙燻肉品、本地產起司、新鮮麵包可供選擇，還有來自本地與南方前蘇聯共和國農場的飽滿水果和蔬菜、稱為kvass的自釀啤酒，以及閒聊交換八卦的喜悅。市場裡每一個人都認識舒爾，他用一種他喜歡的調皮方式把我介紹給所有的攤販賣家。儘管反美主義漸增，攤商們並未對外國人表示反感，且做出好奇和慷慨的回應，供我免費試吃眼前一切。幾分鐘內，我吃下了豪華大餐。

滿載食物，我們前往這家人的郊外別墅，那是偏遠衰敗村子裡一棟稍經整修的破屋，位於車里雅賓斯克眾多湖泊其中之一的岸邊。在外側圍籬上，他有個女兒畫了舒爾搭著黃色淺水艇釣魚，內行人才能看出那是影射他擁有「內在嬉皮」的笑話。一家老小、包括一群孫子輩盡可能頻繁地聚集在這裡，他們滑雪、相互依偎、溜冰，還有最棒的是從自己造的滑梯溜進冰凍湖面。天氣變暖時，他們游泳、釣魚、採蘑菇，並開心地種植花木。

房子裡十分寒冷。原有的木頭小屋現在是廚房和臥室所在地。這家人慢慢把連通的家畜棚屋改造成額外的生活空間，地方不大卻很舒適，構成一座室內庭園。用來遮住腐朽棚屋的煤渣磚上塗抹夢幻色彩，舊光碟片妝點其間，在陽光下燦爛無比，在月光下隱約發亮。昔日蘇聯時代保留下來的產物沿著屋頂邊緣擺放，打造一座家庭「博物館」；包括奇特的工具和棄置已久的廚房用品、一把算盤（曾經在每家店鋪裡使用），以及一具短波無線電接收機，讓人回想起只能從國外得到「真確」新聞的日子，夾雜干擾雜訊渡海而來。陡峭的樓梯間底下有間地窖，家人把夏季庭園的收成存放於此——成堆的紅蘿蔔、馬鈴薯和洋蔥。也有一台冰櫃，堆滿在較暖和月份採下的冷凍莓果。舒爾拿出他捕的魚，在外生火燻製。

第一波真正的雪來得驚人地遲，全身裹得密實抵禦冷冽空氣，我們散步穿越村莊，經過一整片單層木屋，看不出整修或新建的痕跡，教堂仍然是廢墟。本地國有農場關閉已久，如同大部分俄國村莊的情形，年輕人老早逃離，往他處尋歡找工作。我們腳下靴子踏落的嘎吱聲，是周遭唯一的聲響。我向舒爾發問打破沉默，問他為什麼要挑戰政府。「為什麼是你？」我問道。

在他父系和母系的兩位祖父之中，其中一位是帝俄的官員和村子裡的宗教領袖，後來遭到流放。另一位是忠貞的布爾什維克黨人，最終遭到他支持的革命吞噬，並在一九三七年被槍殺。舒爾的父親在第二次世界大戰期間被德國人俘虜。在他被美軍解救並遣送回國後，由於這是史達林教條認定的一種罪，他在返家途中遭到監禁。他的職業是金工師傅，據舒爾所說，而那正是使他得救的原因。蘇聯亟需技術勞工，因為戰爭和史達林的清算導致太多傷亡。舒爾的父親最終被送往車里雅賓斯克的工廠裡工作。雖然可以跟家人同住，他的行動直到一九五七年都受到限制。許多家庭從不討論史達林的迫害，通常是加以隱瞞，舒爾家則不同。舒爾說他的家人對過去持態度開放。「我的父親，」他說，「是不公義蘇聯體制的敵人。」

到我們散步回來之時，魚已經燻好了，燃燒木材的爐火使屋內溫暖起來。我們脫下層層疊疊的衣服時，舒爾的手機響起。是追查六號監獄典獄長案件的刑事偵查員，那裡的囚犯對殘暴的貪腐發出抗議。偵查員說這起案件有進展，顯然他想要舒爾放消息給記者，使檢察官辦公室更難撤銷判決。

對舒爾夫婦來說，這是三年來工作的成果。他們碰了碰茶杯慶祝，但是舒爾提醒，他們還沒見到確切的起訴罪名。檢察官辦公室將如何回應也還不清楚，儘管存在官方濫權的壓倒性證據。

二〇〇八年，俄國政府設立區域委員會以監督監獄環境，幾乎所有的成員皆由總統普丁或他任命的人指派。雖然委員會裡安插了不會質疑現況的人，少數幾個席位給了人權團體。如同以往，舒爾密切關心這些新機會。儘管遭遇阻力，他跟塔蒂亞娜備齊所有條件，取得莫斯科人權運動分子的背書，並獲提名進入車里雅賓斯克的委員會。如此一來，他們有權在任何希望的時間探視每一所拘留中心。許多委員會成員全無建樹，而舒爾夫婦帶領的一小群人努力投入，記錄違法情事。

在他們起初遇到的案例裡，其中一件的對象是殺了六個人的男人。他曾在軍事工廠裡工作，但是一九九〇年代薪水止付時，他轉而靠修車養活自己。一群惡棍現身索取 roof，俄文裡保護費的意思。他拒絕付錢。為了使他就範，他們把他帶往鎮外一棟房子，用槍抵住他的頭，逼他走進他朋友妻子被強暴的房間。他的妻子也被綁架，顯然她會是下一個。這男人回家後，拿了一把槍，回頭殺掉一幫惡棍。他遭到定罪，判處十五年刑期。

他是模範囚犯，並獲得假釋。但是有個非官方價碼——得付一萬美元。他付錢給法官，可是監獄典獄長沒收到他那一份，顯然為此感到不快，他擋下了這項協議。

關於俄國監獄內的貪汙，這是舒爾夫婦起初目睹的跡象之一。此後的數十次探視過程中，他們發現由恐嚇、毆打、虐待構成的固定模式，有些案例是遭到監獄人員謀害。囚犯常被迫繳交所謂的「志願人道援助」，聲稱用以改善監獄環境。那是索取賄賂的婉轉說法，範圍從每月繳交一百至數千美元，或者等值的物品。打電話、會見家人、獲得醫療照顧皆有「費用」，進入假釋考慮名單也包括在內。拒絕付款的懲罰是單獨監禁數週或數月、毆打和虐待。

直到尼可萊和塔蒂亞娜開始探視前，囚犯沒有管道提出申訴。他們的信件遭到審查或銷毀。無人理會哪些申訴會確實送抵檢察官的辦公室。而膽敢提出申訴的那些人，事後受到懲處。

要囚犯談論監獄環境並不容易。他們對舒爾夫婦離開後將發生之事感到驚恐。尼可萊和塔蒂亞娜得知，他們必須時常探視以限縮負面影響。獲得囚犯允諾後，他們常將訪談錄影，並且把素材放上網路。有位在影片裡提供證詞的囚犯說：「假如我往後改變證詞，在這部影片裡播出，那代表我向警衛的施虐屈服了。」

獄中生活條件惡劣——缺乏窗戶和自然光線，缺乏人工照明，床單和被毯不足。獲取適當醫療有其困難。數間監獄吹噓光鮮的圖書館和運動設施，但是囚犯不被允許定期使用。這些設施大多用來贏得參訪官員和委員會的讚嘆。電視新聞遭到審查，構成違法行為。囚房潮濕，天花板漏水，牆壁發霉，通風不良，還有老鼠；數不勝數的老鼠。有工作待完成時，囚犯被迫一天工作超過法定的八小時，好完成未明文規定的工作額度，而他們獲得的酬勞常等同於每月兩百美元，遠遠少於法定的最低金額。工作往往具有危險性，在一間監獄裡，囚犯被迫未戴防護手套清洗帶血的針筒和點滴。

但是這一切都比不上祕密牢房，深藏於地下室或隱藏在假書架後方，舒爾夫婦最終在幾近每一所監獄都找到這類牢房。在舒爾夫婦探視期間，可能提出申訴的囚犯常被藏在裡面。而這裡也是囚犯承受「網刑」之處。行為不良、拒絕工作或繳不出「人道援金」的那些囚犯，被捆綁於網狀牢房牆上，懸掛好幾小時，有時好幾天，同時遭受警衛或共謀囚犯施以毆打和電擊。鉛筆插進他們的手指之間絞緊。音樂以無可忍受的巨大音量持續播放，掩蓋尖叫聲且使刑罰加重。

儘管競爭激烈，車里雅賓斯克最糟監獄的獎項必須頒給六號監獄——囚犯最終發起罷工的那所監獄。舒爾夫婦長期記錄的內容，隨後得到位於莫斯科的總統委員會證實。委員會收到多達六百二十一件申訴，裝在密封信件裡詳述虐行，包括囚犯和家屬被迫給付的金額和給付對象。

多虧有舒爾夫婦，據稱最惡劣的毆打、虐待和恐嚇已停止，但是舒爾說：「我們沒那麼天真，不認為情況改善必定將持續下去。」監獄當局仍然索求金錢，但是金額已大為減少。

囚犯和監獄人員間暫時取得共識。假如囚犯給付減量的金額、保持沉默並停止申訴，將來不會再發生毆打行為。舒爾夫婦是這麼說的：「如果過去他們沒給麵包，現在他們給了麵包的硬皮。」

舒爾夫婦對家屬的建議是：「別付錢。別相信你鍾愛家人的生活會變得比較輕鬆。有時付錢有效，但是你把錢用光的一天將會來臨，你將負債，你將失去你的公寓，而他們將再度開始毆打他。這是你的選擇，可是別忘了，假如你付錢，你就牽連在內。」

當六號監獄的調查持續延宕，舒爾夫婦的擔憂被證實其來有自。提供證詞的許多人遭到威脅，有些人仍受到監禁，被他們指控的同一群人監管。關鍵證人撤回他們的說法，儘管有些人稍早曾說假如他們這麼做，只有可能出於無法承受的壓力。那未被納入考量，威脅也沒受到調查。六號監獄的典獄長丹尼斯．梅哈諾夫（Denis Mekhanov）最終獲判三年緩刑，雖然證人遭到威脅，且存在歷歷在目的有系統勒索、威脅、毆打、虐待史。舒爾稱這項判決是對受害者的侮辱，且是司法體系的又一次恥辱。他對監獄環境的監督將持續下去。

新的申訴指出，監獄當局把從軍當成讓囚犯獲得假釋的機會，假如他們「志願」前往烏克蘭打仗。要是囚犯拒絕這項提議，線人表明囚犯將失去所有的假釋機會，且在未來會受到懲處。

第十四章　法醫專家

在一個清冷秋日，有位朋友帶我到車里雅賓斯克市外圍，經過黯淡的工廠，穿越一座隱約發光的水庫，來到一大片林地。此處地價猛然上漲，高階開發案正計劃成形。但那不是我們來這裡的原因。

我們幾乎錯過岔路，往右急轉進一條泥土小徑，蜿蜒穿越整片樺木森林。午後陽光亮閃閃地射在黑白相間的樹皮上。沒有任何指標，但是我們終究抵達目的地，一處散落著簡陋十字架的林中空地。有些十字架以粗劈的木材製成，另一些僅用鐵條。有些十字架下擱著俗豔的人造花束，或者懸靠其上，隨微風輕柔擺動出聲。大部分十字架上有塊簡短卻真確的手寫告示：「安德烈．辛斯欽，一九三八年遭槍殺」……「亞歷山大．安提尤費夫，教會神父，一九三八年遭槍殺」……「尤瑟夫．霍爾瓦特，一八九六至一九三八年」。這是供奉二十三位俄羅斯東正教會神父的場址，他們在一九三七年遭到處決。空地正中央是塊一九八九年放置的巨岩，上頭刻字：「史達林非法鎮壓受害者的永久紀念碑將樹立於此。」

經過這許多年，仍未見永久紀念碑出現。史達林遺留下來的問題，克里姆林宮不久後即拒絕承認。而俄羅斯東正教會如今不願老是在談論他的罪孽，反而專注於人們所謂的、他的正面成就。

到了一九八九年，蘇聯的祕密終於自暗處浮現，新近成立組織「紀念」的本地成員收到情報，獲知一處可能的萬人塚所在地。在安德烈．沙卡洛夫的支持下成立，「紀念」致力於記錄數百萬遭史達林及其黨羽監禁、流放或殺害者的命運。「紀念」也決心捍衛新俄國的人權。

一九三〇年代晚期，鄰近村民夜復一夜聽見輪番槍響，懷疑蘇維埃國安機構利用棄置已久的黃金礦場做為殺戮地，但是無人前往調查。甚至沒有一個人膽敢談論此事，直到一九八〇年代晚期，當時在戈巴契夫治理下，蘇聯的鎮壓歷史終究得以公開談論。「紀念」的本地志工開始在舊礦場的通風井四處刮除表土，他們發現人骨散落，接著他們挖出完整的骨骸。

這一區的法醫病理學家代表亞歷山大．弗拉索夫同意協助他們。他未曾起疑，這會使他的職業生涯承受多少風險。畢竟那是公開的年代。期刊和報紙上充滿昔日禁止刊登，談論歷史的文章。家人終於透露隱瞞已久的祕密，描述某位親屬消失於史達林的古拉格勞改營。國家安全委員會公開檔案文件，於是人們得以閱讀心愛之人的檔案。在許多案例中，那些檔案揭露了眾多無辜囚犯直到史達林下台才獲得平反，或是正直的法庭介入，制止他們認定的官員「背叛」行為。

在車里雅賓斯克，雪尚未降下，而「紀念」的志工開始挖掘三、四座礦坑通風井的入口——每一處範圍的直徑是三十英尺。這些地帶埋滿屍體，一具上頭疊著另一具。衣物僅存鈕扣和橡膠鞋底。亞歷山大．弗拉索夫向志工示範取出骨骸的正確方式，把它們存放在紙張裡。那時沒有運屍袋。

在緩慢動作下，志工們取出總計四百具屍體。他們僅僅挖了一英尺深。弗拉索夫估計，總計約十座的通風井，每一座深達三百英尺。經過他的計算，那代表可能有成千上萬具屍體棄置於此。「太多了。」他說，一邊搖著頭。「太多了。」他反覆說著這句話。

弗拉索夫把挖掘出的遺骸運往他的實驗室分析，檢驗結果指出，受害者頭部遭到槍擊，或者有些案例是被刺刀戳刺。有更多通風井和地道尚待勘查。這只是開端。

根據弗拉索夫所說：「我們對正在做的事不加隱瞞，起初當局並未干預。」但是一群英國劇組人員前來記錄他們的工作。當風聲傳出，講述此地有一九四〇年代其中一些受害者的骸骨，包括孩童在內，遇害時間遠在鎮壓高峰理應過去之後，這時國家安全委員會突然現身。幾個月後，「紀念」被禁止進行任何後續挖掘工作。弗拉索夫遭告知停止他的工作，他帶往實驗室裡檢驗的遺骸在一夜之間消失。萬人塚場址令人費解地遭到回填，現在看去僅是長滿野草的一片低矮土丘，祕密仍然埋藏其下。

直到今日，確遭槍殺棄置在這處地點的名單仍未真相大白。記錄可能安放於某處——蘇聯當局一絲不苟地記錄他們的罪惡，令人毛骨悚然——但是受害者的真正身分尚待揭露。這處場址成為車里雅賓斯克所有亡者的象徵性公墓，幾乎每一家人都有幾位失蹤的親近家屬。

弗拉索夫為他從事的「非官方」工作付出代價。他替國家工作直到一九八〇年代晚期，對象常是保安部隊，但是自從他協助「紀念」並說出他的發現，他對他們的態度、以及他們對他的態度自此改變。他沒遭到解雇，但是被禁止出席自己的博士論文口試做為懲罰，論文題目在研究如何判定死亡時間。

在一九九〇年代初期的經濟危機下，如同車里雅賓斯克的許多人，弗拉索夫無法靠官方薪水生存，即使在能拿到薪水的時候。他的妻子伊黎娜是一位小兒科醫師，每個月的收入等同於十美元。考量到當局對他參與的活動不滿，為了養活家人，弗拉索夫決心辭職靠自己打拚。基於他所受的法庭病理學家訓練，還有什麼比從事殯葬業更好呢？

俄國人對死亡特別執著，或許因為他們在相對年輕的歲數死去，或許因為大多數人生活不易，而且東正教會信仰承諾死後將會更好。作曲家柴可夫斯基的家如今成為一間特出的博物館，離莫斯科一小時車程，屋內有處死亡角落放著親近友人的照片，他們僵硬地躺在敞開的棺木中。

幾個世紀以來，許多死去的俄國人下葬時比他們平日享有的生活豪華許多，且更受敬重。俄羅斯東正教會的傳統即使在蘇聯時代仍延續下來。葬禮要有敞開的棺木和繁複的下葬儀式。大多數俄國墓地的標記是簡單的十字架或墓碑，死者照片嵌入草叢之中。然而墓碑也可能是華麗的紀念碑，頌揚曾活著的生命，而且俄國墓園是饒富趣味的造訪地點之一。一架巨大螺旋槳為飛行員的埋葬地增色；一座半身雕像描繪正在下令的蘇維埃軍事將領，話筒緊貼住他的耳朵。在莫斯科，可能死於自殺的史達林第二位妻子，她的紀念碑是一座令人難以忘懷的雕像，呈現一位美麗而痛苦的女子。即使在反對宗教信仰的宣傳活動高峰期，她下葬於一處聖地，昔日是一座女修道院的墓園。蘇維埃領導人尼基塔・赫魯雪夫（Nikita Khrushchev）也葬在那裡。赫魯雪夫的半身塑像作者是一位曾遭他痛斥為腐化分子的藝術家，以黑白相間的陰暗石材製作而成，反映了真實情況，對赫魯雪夫的複雜性格和遺產下了明顯的註解。榮耀文化界和科學界人物的方式，是雕刻出能喚起他們成就的事物。達官顯要的典型紀念碑是精細的大理石和黑色花崗岩墓碑，上頭有刻畫分明的肖像。

過了九天、以及過了四十天後，東正教會儀式會舉辦後續宴會，慶祝靈魂從身體通往另一個世界。到了死者的生日和逝世週年，在傳統規定下要去探視家人的墓地，或者其他摯愛的人之墓，例如作家。我記得數十群眾聚集紀念一九六〇年過世的鮑里斯・巴斯特納克

（Boris Pasternak），他是《齊瓦哥醫生》的作者。在他死後數十年，書迷依然不懼凍雨寒風，前來憑記憶背誦他書中片段。花束成堆，蓋住了他的墓碑。

復活節到墓地旁野餐是常見的行為，家人到此緬懷死者，用過節的麵包、裝飾彩蛋和花朵餵養他們的靈魂。麵包皮常灑在墓地上餵鳥，象徵靈魂從土裡起身。根據一位俄國朋友的說法，對他們而言，墓園是「生者與死者進行社交的神聖場所」。

因為每一個人都替國家工作，蘇聯時代的葬禮曾在政府人員支持下舉辦。但是在一九八〇年代和一九九〇年代初的壞日子來臨時，工廠再也拿不出這筆錢。憂慮於自身臨終前的痛苦掙扎，他們省略了安葬儀式。由於生活愈發艱困，死亡變成失去光采。剛經歷喪親之痛的人們得靠自己打造棺材並挖掘墳墓。「這令人難以接受且有失尊嚴。」弗拉索夫的妻子伊黎娜說。

對於投入殯葬業的新作為，弗拉索夫起初全無競爭對手。然而要找到所需的物料，證明了比設想中複雜。在後蘇聯時期的車里雅賓斯克，五金店鋪仍然屬於夢想。獲取釘子和木板需要運用創意。弗拉索夫描述他如何拆解籬笆做成第一具棺木。

弗拉索夫的客群很清楚：希求死得尊嚴的平凡人，以及一群全新的階級，他們荷包滿滿而且想要舉辦葬禮，花費不是問題，必須要用絲絨襯裡的進口黑檀木棺材。弗拉索夫開始到義大利和賽普勒斯出差，以滿足新富階級的品味，其中許多人是罪犯；他會在俄羅斯航空的守護下，帶著價值高昂的棺木回來。距離車里雅賓斯克幾小時車程之處正上演經典的「黑幫」葬禮情節，聚集了惡名昭彰的本地幫派成員，他們在一九九〇年代是呼風喚雨的人物。死者以各種栩栩如生的姿勢重現，他們的皮夾克和牛仔褲不朽凝結於八英尺高的黑色大理石厚板中，造價高昂，成排聳立。這群人名列弗拉索夫最好的客戶。

新的殯葬生意大幅擴展，店面遍布全城，服務中庸與荒誕之輩，獲利極為可觀。弗拉索夫一家人搬進市中心最初湧現的其中一處有門禁的時髦大樓，設有內部對講機，隨時警戒關照的櫃檯服務人員，以及氣派門廳和電梯，不見粗糙塗鴉、垃圾和菸頭蹤影。

這間寬敞樓寓跟他們的蘇維埃式貧民住宅截然不同，設置了挑高天花板和大坪數房間。有位設計師參與其中。他們舊有的蘇維埃式俗氣家具換成進口的昂貴皮革製品，廚房依然位於生活的中心，然而如今是有中島的開放式廚房，現代家電一應俱全，還有一張隨時能宴請賓客的大餐桌。從陽台就能便利地通往隔壁戶，弗拉索夫的兒子和家人在父親的慷慨餽贈下安穩生活。受到萬千寵愛的孫兒身穿迪士尼T恤跑來跑去。

伊黎娜妝容完整，頭髮梳理整齊；她的金髮出於專家手藝染成，剪了高雅的鮑伯頭。剛辦完事回來，她立即換下貂皮大衣、設計師品牌黑長褲、毛衣和香奈兒項鍊，換上簡單的家居服。年屆六十出頭退休後，這位前小兒科醫師正在竭力應付迥異的角色。她同時是一位丰姿綽約的熟齡女子、忠誠的祖母、倍感挫折的前任醫師，以及對於丈夫難搞個性十分警覺的妻子。看似隨財富而來的甜美卻使她嘗盡苦楚。他們的奢華生活伴隨著恐嚇和死亡威脅，連坐牢也是代價的一部分。亞歷山大・弗拉索夫來廚房加入我們時，伊黎娜靈巧地準備著酥皮肉派、鮭魚排和多種可口的俄羅斯沙拉，不斷往玻璃杯裡倒滿香檳，而且從未漏掉談話裡的一個字，儘管她對這個綿長的故事了然於心。

葬儀生意興盛後，弗拉索夫遭受賄賂市政府官員的壓力。他抗拒這麼做，相信或許另一群人會保護他。同時他目睹一個熟人因為固執付出了生命，他的朋友阿爾卡迪・費雪（Arkady Fisher）在自己的工廠辦公室遭蓄意槍殺，當時費雪涉入國有農場的私有化之爭。弗拉索夫說所有人都曉得槍手是誰，而基於他的法醫技術，他確定他能找到這起案件的解答，可是官員「毫不意外地不感興趣」。買凶殺人案在一九九〇年代遽增，與敵對勢力競爭新生意機會和房產土地的取得有關。

一天早晨弗拉索夫開車外出，他聽見有什麼東西從車上掉下來。他停車查看是什麼發出聲響。人行道上有個未爆炸的手榴彈，原本用膠帶黏在他車底，幸運地沒黏好。接著在同一天警察前來搜索他的辦公室。他們從保險箱搜出兩千美元——要指出這並非不尋常的事件，因為當時沒人對銀行懷抱信心。他們聲稱這筆錢是偽鈔，從未歸還。二〇〇一年檢察官起訴弗拉索夫，罪名是賄賂「不明人士，金額不詳，地點不明」。弗拉索夫說他不願付錢買通高階官員，於是遭到逮捕。

弗拉索夫在牢裡蹲了兩個月等待開庭。再喝一口香檳，他試圖以笑帶過，但是他的命運如何仍屬未知，而他的妻子直至今日回想起當時景況仍心生恐懼。弗拉索夫往用餐區比手畫腳想展示空間有多小，描述起初他跟另外七十五位囚犯關在同一個拘留間裡。地方幾乎不夠站，睡覺想都別想。他難以忍受，藉著一位熟識已久的監獄機關人員，他設法移往稍稍寬敞的拘留間——從只關三十五人的牢房，移往所有人仍然得輪流睡覺的牢房。他說監獄人員和囚犯曉得他受到懲罰的原因，對他有一絲同情，他不必戴手銬。他在五十歲生日收到蛋糕，那天他至今難忘。他成為其他囚犯諮詢案件判決、或是未獲判決的對象。每天晚上他與人會談。他終於獲釋時，典獄長指出在他教導下囚犯變得有多聰明。

弗拉索夫回想起那段日子時又輕笑起來，或許因為跟隨後的際遇相比，那只算是小孩的把戲。他獲判兩年緩刑。那等同於無罪宣告，代表在如此體制下，一位不敢直接挑戰檢察官的正直法官，對於某些案件所能尋求的妥協之道。我們談話至此，伊黎娜輕輕翻動餃子，唱出〈金錢萬能〉（Money Money）的片段，這首歌來自百老匯舞台劇《酒店》（*Cabaret*）。

弗拉索夫是天生的賭徒，而且無論從哪個方面來說都算箇中好手，尤其是玩撲克牌。「我喜歡贏莊家。」他說這句話時雙眼發亮，咧開因尼古丁發黃漸壞的牙齒，展露動人笑容。弗拉索夫具有無比魅力，外加足智多謀。

在一九九〇年代賭博席捲全俄，賭場的閃爍燈光點亮了每座城市。車里雅賓斯克也不例外，而弗拉索夫的身影常見於——大多在他妻子的絕望下尋獲——較為高雅的賭場。有一次，他驕傲地說，他贏了四輛車，最後折算成現金。他寫過一本關於撲克的書，他的技術好到讓賭場想把他拒於門外。二〇〇八年，政府下令要國內大量的賭場關門，並且計劃在少數偏遠地區設立賭場，讓他們能發放執照與監控——俄國版的拉斯維加斯。現今有許多地下祕密巢穴供賭徒出沒。顯然與這個地下世界保持聯繫的弗拉索夫估計，城裡有一百七十八處非法賭博場所。但是他說賭博的魔力已然消失。在我多次於車里雅賓斯克城中散步之時，有次碰巧走進幾扇沒有標誌的門，只見光線幽微的酒吧裡放滿吃角子老虎機台。這地方就坐落在市中心，警察正在不遠處巡邏。「怎麼會這樣？」我問弗拉索夫。他回答：「執法人員是他們的掌控者，警察知道這層關係所以不碰他們。他們了解自己的界線。」

從監獄獲釋後，弗拉索夫大膽地繼續經營殯葬生意，不過規模較為保守。他的風險估算出了錯。新任命的市長在二〇〇五年就職後，索求的賄賂金額遽增。據弗拉索夫所說，官員來找他時「要求」他支付十萬盧布的月費，才能繼續營業。隔月金額升高至二十萬盧布。接著月費又再提高一次。他付了，但是到第四個月，「有權」做生意的月費高達一萬六千美元。那筆錢太多了，弗拉索夫拒絕給付。

二〇〇八年弗拉索夫離開市中心辦公室後，他的副手遭到槍殺。有位警察目睹了槍擊現場，在他呼叫支援時殺手逃逸。殺手在鄰近的公園被逮捕，當時他剛脫下面罩，試圖丟棄槍枝。他聲稱有一位高層官員買通他殺人。槍手遭到定罪，但是未曾對他的指控進行調查。進一步調查和起訴的結局荒謬，被判定為缺乏證據。

有條口信傳到弗拉索夫手裡：「你是下一個。」他結束生意，可是不代表不用付另一筆「費用」。他說有位高層官員宣稱，弗拉索夫在市中心的總部欠費四十萬美元。弗拉索夫召集專家，證明文件是偽造的，但是他說，「一如往常法院屈服了」。為了保護家中資產，他把許多筆財產轉移到他妻子名下，可是他個人仍舊處於負債，估算得過二十年才能全數償還。到那時他被禁止出國，使他痛苦不堪。他桌上放著一張地產傳單，原屬於他的大樓如今以一百三十萬美元的天價標售。

殯葬事業繼續為地方官員帶進橫財。弗拉索夫說，他的後繼者為了維持營運，必須定期給付十萬美元的賄金，雖然官員展現體貼，並未要求他們也得繳稅。聯邦政府表示想接管葬儀生意以革除貪腐，但是弗拉索夫對其維繫秩序的承諾嗤之以鼻。這一行的油水如此豐厚，他稱呼那不過是另一次「對抗貪汙的偽戰爭」。

亞歷山大．弗拉索夫現在剛過六十歲。他過於瘦削，菸一根接一根抽、酒喝太凶，但是他依然衣著考究，思緒一如以往的銳利。他是個雄心勃勃且與眾不同的人，從未丟失對科學的熱情。在此期間，他設立了一間法醫研究所。起初是副業，就算無法提振銀行戶頭餘額，但至少能刺激他的智識。如今這成為他的主要追求，而且弗拉索夫是俄羅斯國內少數獨立法醫專家的一員。

剛開始研究所的前景不明。辯護律師是他最初的客戶群，而他們在法庭上傳喚獨立法醫專家時遇到困難。二〇〇〇年大膽採用弗拉索夫論斷的一位法官，即刻遭到解雇。

弗拉索夫說法官易於操控，因為他們是任命制，無須明言理由就能解雇。首席法官是政治任命的公職人員，在歷史上與國安機構關係緊密。首席法官與檢察官持續對其他法官施壓。手朝電話比了比，弗拉索夫描述何謂「電話司法」，法官事先在電話裡接到如何判案的指示。「一般而言法官會走完假意審問的過程，彷彿在確認資料，但是判決早已決定。假如有個法官違背決策且宣判無罪，接下來更順從的高階法院會推翻無罪判決，而那位法官可能面臨懲處，冒著賠掉職業生涯的風險。」這導致了某種自我審查。

檢察官依舊勢力龐大，而司法體制反覆無常、無能且貪腐。不過弗拉索夫最近見到有些法官對檢察官和調查人員變得較為強硬，拒絕接受偽造證據，至少在不具政治敏感度的案子中是如此。弗拉索夫將這股漸長的「勇氣」部分歸因於警務工作水準驟降，即使懦弱的法官都難以視而不見。由於能幹的法醫專家不願從事薪資微薄的公務員工作，上門的政府和私人客戶雙雙增加，委託他的事務無所不包，範圍從設置騙局到偽造火災和謀殺紀錄。

試圖讓較正直的其中一位法官跟我談話的嘗試失敗了。打過幾通電話後，弗拉索夫搖搖頭。「我以為他會願意一試，可是他太害怕了。」彷彿要向我們強調司法的超現實本質，一通電話打斷了我們。發話方是一位政府官員，他替曾經威脅弗拉索夫生命的那個人工作，而且很可能下令謀殺弗拉索夫的副手。他們有一起案件需要他的幫忙。弗拉索夫對此荒謬情景微笑以對：「他們知道我曉得他們做過什麼，而且他們知道我不喜歡他們，可是今天他們需要我。」

對於他逐漸擴展的事業，弗拉索夫仍然面臨告誡，大意是「你能調查這件事，但是那件事不行」。當車里雅賓斯克一所監獄的警衛被控毆打四名囚犯致死，囚犯的家人雇用弗拉索夫調查此事並檢驗屍體。維安部隊包圍停屍間，不讓弗拉索夫和家屬進入。弗拉索夫說：「當局接著來找我說，『別蹚這灘渾水，否則會對你非常不利。』」

在另一起案件中，有位囚犯據稱上吊自殺。這次他的家人設法取得屍體，他們假裝準備要埋葬屍身，卻帶去給弗拉索夫，而他發現大範圍毆打跡證。政府的法醫專家一無所獲。弗拉索夫用照片記錄他的發現，可是他說政府專家在上級施壓下拒絕承認活生生的證據，就此結案。

他行遍國內，愈來愈多地區找他尋求幫助。鄰近的奧倫堡州（Orenburg）檢察官請他協助一起軍隊弊案。新通過的法律規定，國防部要負責提供參戰軍人的墓碑——從第二次世界大戰到阿富汗和車臣間的所有戰事。奧倫堡軍事總部把這件事委託給一家地方葬儀業者。他們在收據上共開立兩百個墓地，價格是每座墓碑一千美元。他們提供墓碑的照片做為證明，但照片看起來出奇相似。地方檢察官嗅到不對勁，懷疑軍隊將領和葬儀業者可能雙雙涉入騙局，他向弗拉索夫尋求獨立評估。弗拉索夫揭發事實上只製作了一座墓碑：用 Photoshop 製圖軟體重複換上一百九十九個人名，而這些人已無在世家屬能抱怨實際上墓碑從未出現。「那等於坐在電腦前施展一些神奇的指上功夫，就賺進約略十九萬九千美元。」他哈哈大笑。最高層的官員最終將他的證據駁回。這是樁換穿新衣的舊俄羅斯故事。尼可萊・果戈里（Nikolai Gogol）在經典小說《死靈魂》（*Dead Soul*）裡就說過一個從鬼身上掙錢的故事。

在弗拉索夫的辦公室，桌上四散著百樂門菸盒，酒櫃裡滿是香檳和軒尼詩白蘭地，伸手可得。酒櫃上放著一座唐吉軻德的雕像。在他頭頂上方掛著大型的木製耶穌受難像，形同諷刺的玩笑。身為堅定的無神論者，弗拉索夫嘲笑人們竟想仰賴神祕的上帝，或是尋求東正教會背書的政府。「這是條簡單的出路，而且是政府想坐擁權力的絕佳途徑，操弄不容質疑的信仰和大多數人的全然被動。」

我們最後一次碰面時，他語露無奈。他說大部分俄國人樂見普丁展示政治和軍事力量。多年來尋尋覓覓統一人民的方法，普丁終於藉著形塑外國敵人而成功辦到。下一步是強化警察國家。在弗拉索夫認識的人當中，無論他們抱持的觀點為何，他不認為有誰會出面抗議；他說他們年紀大了，已經變成根深柢固的俄國人，無法到國外生活，而且擁有的財富太多，無法承受損失一切的風險。「左腳右腳跟著踏步，我們就不會失去全部。」

他給我看最近政府寄來的一封信，那是風雨欲來的徵兆。信裡要求知道他所有員工的身家細節，包括他們的種族來歷、宗教和政治觀點、近親家族史和性別認同。

他拒絕提供並遭到罰款。

弗拉索夫說，在這條存在已久但擱置未用的法律下，他是第一批列為目標的對象之一。他把這件事告訴朋友，可是他們不相信他。他們說只要填寫假答案寄回去就好了。不過弗拉索夫預期未來在這種要求上動手腳，勢必愈來愈困難。每一間企業可能都得雇用專人來應對類似問題。儘管表面上領公司的薪水，這個人終究得向國安機構負責。

第十五章　言論自由

第一眼看去你不會注意到伊黎娜・岡達瑞娃（Irina Gundareva），而那可是個錯誤。她的歲數約略五十出頭，毫不起眼，一頭修齊的紅髮和直劉海。但是在她謙和的外表下藏著鋒芒。躋身車里雅賓斯克最好的新聞記者之列，她常正面迎擊控告她的文字誹謗和毀損名譽案件且取得勝訴，即使是在這一區的貪腐法庭。她也面臨更凶險的威脅，來自官員和其他被報導激怒的人。

她寫過一系列文章，揭發罪犯與市政府間的人脈關係，把焦點放在非法地產交易。她的車庫隨即起火燒毀，地點在一處有爭議的房產內。消防局發現汽油塑膠罐的證據，宣告這是人為縱火。警方拒絕追查這起案件。

她也追蹤竊取車里雅賓斯克一位女企業家十五萬美元的嫌犯。警方搜查她的辦公室——

結果證實是非法行動——原因是據報欠稅。在員警的命令之下她開啟保險箱，取出她打算用來買一間公寓的兩捆現金。警方要求她給付此地點據稱的欠稅，相等於兩萬美元。她明智地拒絕，隨後證實她分毫未欠。員警看著她把現金放回保險箱，上鎖並收好鑰匙。兩天後她的辦公室遭破門而入，保險箱用鑰匙開啟後取走現金。警方很快就結束調查，告訴她「到此為止」。她不願就範時，他們就暗示是她自己偷走這筆錢。假如警方覺得她好對付，他們就錯了。女企業家自行展開調查，因為唯一曉得保險箱裡有錢的人是員警，而他們從一開始就形跡可疑。她追查得愈深，問題和反擊力道就愈大，包括來自當局的匿名威脅。警方拒絕接受測謊，與調查相關的所有文件神祕地消失。她調查一開始執行辦公室搜索那位員警的個人財務狀況，發現他突然有錢購置新房和新車。他的薪水不可能負擔任何一筆支出，也沒有家族財產能解釋這些消費。他父親是一位領退休金的窮人，而他母親是清潔工。

伊黎娜跟進了解這起事件並刊出一篇報導後，她開計程車的兒子開始被警方騷擾，他們聲稱在他車裡找到大麻。他的車被攔下時抽了血，檢驗結果沒有吸毒跡象，他以持有毒品被起訴。出於對自己兒子的了解，伊黎娜肯定他是被人栽贓。她的報社上司不願支持她。反而是保護新聞記者、以莫斯科為根據地的捍衛開放基金會（Glasnost Defense Foundation）[1]前來協助，提供辯護律師。藉著她的傑出名聲，捍衛開放基金會得以把這起案件炒作成國際醜聞，這有時能發揮效用，但卻非萬靈丹。起訴她兒子的案件最終撤告，但伊黎娜不願繼續跟她工作的報社打交道，他們愈來愈常編修她的貪腐和違反人權報導。

伊黎娜離職自立並開設網站，在上頭累積素材，報導主流媒體不碰的新聞。她持續調查本地的不法行為，並且是少數幾位報導反對黨領袖阿列克謝・納瓦爾尼（Alexei Navalny）[2]受審與後續抗議遊行的本地記者，而車里雅賓斯克的示威規模一如往常地小。假如你習慣看本地的商業營運新聞網站，你將難以找到反對黨領袖鮑里斯・涅姆佐夫（Boris Nemtsov）[3]謀殺案的消息，以及隨後成千上萬人走上莫斯科街頭遊行。那留待像伊黎娜這樣的人來寫。

她接受捐款，但是她沒有龐大讀者群，絕非需要向當局登記的每日三千名非重複訪客。可是她定期發文，而且在LiveJournal開了另一個部落格，那是一個有影響力的網站。她可以保持低空飛行，可是她仍然擔心再次受到栽贓陷害。不久以前，另一位本地新聞記者、同時也是社運人士在偏遠森林調查環保議題時被捕。據稱他被查獲攜帶「危險」武器和一顆手榴彈。結果栽贓的武器是一把過時獵槍，而手榴彈僅是練習用的假彈。警方的陷害失手了，而且法官驚人地駁斥證據，但那只是僥倖。

1 捍衛開放基金會成立於一九九一年，名稱Glasnost來自戈巴契夫提倡的開放政策。
2 納瓦爾尼多次公開批評普丁政權並發起抗議遊行，二〇一二年遭起訴挪用公款和欺詐，隔年判處五年徒刑。
3 涅姆佐夫曾指出普丁財產眾多且反對出兵烏克蘭，二〇一五年在莫斯科街頭被槍殺。

我們交談時她的電話響起，是她最近寫到的一位企業家。貪汙官員企圖非法接管他的生意。最後他在仲裁庭上勝訴。他打來告訴她，沒有她的用心報導他不可能辦到。有那麼一刻，她從自己的作為裡得到安慰。不過稍晚另一通電話打來，警告伊黎娜她的線人曝光了，而且「會讓他們際遇悲慘」。

目前她最擔憂的是烏克蘭，以及她所能報導的界線。她對官方媒體一面倒、常過度激烈的報導感到驚愕。她說一直看電視會促使任何人拿起武器戰鬥。當她試圖發表另一種觀點，並修正官方平台的赤裸謊言時，她被從烏克蘭回來的「志願軍」威脅，他們聲稱知道她的住址和家人的名字。

她也持續追查官方貪腐。在車里雅賓斯克外圍一座城鎮上，居民和小生意業主長期呼籲普丁總統，制止他們指稱市長所為的非法土地掠奪和威脅強取。但是市長身為普丁支持者，與地區政府有緊密關連，而且手裡握有許多 kompromat（黑資料），地位無可動搖。最終甚至有些選上的地方官員加入抗議行列，這些人同樣是普丁的政黨成員。他們邀請伊蓮娜出席一場公開聽證會。她以具有公信力記者的身分出席，合乎法律規定。但儘管如此她被壓制在地，遭市長的私人維安部隊攆出場。發生激烈推擠時，邀她來的那群人什麼也沒做。她準備再上一次法院。

「為什麼妳要承受這些風險？」我問她，這是我對挑戰體制者的不變提問。她的簡單版回答是：「有人得這麼做。」接著她解釋，一九三六年她祖父死在史達林的勞改營，用她的話來說，原因是「說出真相」。如同許許多多的家庭，這成為長久隱瞞的祕密。她母親亟欲掩蓋自己是「人民敵人之女」的事實，直到一九八〇年代伊黎娜才得知祖父的命運。現在祖父成為激勵她的人。她反覆訴說一個我恆常聽到的概念，即俄國在戰爭和整肅中失去最優秀和最聰明的人：「當我目睹我們是怎麼如此輕易落入奴隸心態，我開始認為我們的基因有瑕疵。」她想撰寫更多關於國防預算增加的報導，以及這對其他政府項目造成的影響。她蒐集了車里雅賓斯克部隊被祕密派去烏克蘭的資料，可是針對「極端分子」的新法懲處愈發嚴厲，高層對她發出威脅。她愈來愈厭倦承擔風險，而身旁愈來愈少人支持她。她考慮離開這個國家。

俄國新聞記者時常因撰寫調查報導而遭到謀殺或身受重傷。在一個吹噓調查成功率高的國家，這些案件鮮少破案。新法對所謂「極端主義」下的文字誹謗和毀損名譽處以巨額罰款或刑期，使謀殺不再是必要手段，因此減少引來國外批評聲浪的風險，那是政府不想見到的情況。當局在動用金錢、經濟武器、用語模糊的法律時，手法變得世故得多，並且利用順從的法院來對付記者和他們的業主。

***

我問到市中心大學正培育出新一代記者的問題時，伊黎娜聳聳肩。她常受邀去幫他們講課。「學生像看瘋子一樣看著我。」她說。「他們想要薪資優渥的工作，而為了那一點，他們願意對付錢的任何人唯命是從，少有例外。這項職業現在跟公關人員相去不遠。」

有個大膽的新聞系年輕學生體察伊黎娜的深意，成為她的助手。當莫斯科爆發示威，抗議二〇一一年議院選舉的大規模舞弊，莫斯科街頭湧入成千上萬人，而首都以外的地區幾乎未起漣漪，本地媒體對此事全無報導。然而同時兼任文字記者與攝影的米哈伊爾．戈言（Mikhail Galyan）胸懷抱負，試圖利用俄國版臉書 VKontakte 在車里雅賓斯克發起一場抗議集會。當局立刻注意到他，他被叫進院長辦公室，裡頭三個人試著客氣而堅定地勸他打消念頭，主張普丁和他的統一俄羅斯黨支持者心懷人民的利益。他還是去了，有數千人加入他的行列。還有更多人對赤裸裸的選舉舞弊心生反感，可是跟我聊過的大多數人害怕在公開場合現身。有個熟識的人搭飛機到莫斯科加入示威，他有信心在那裡他的身分不會被認出來而承受惡果。

出席人數不多且組織不良，車里雅賓斯克的集會形成一片混亂。任何人都能站起來發言，結果使前來尋求別條政治路線的許多人失望而歸。在全國各地分立的反對力量，缺乏一個強而有力的訊息或策略。受到主流媒體封鎖下，大選抗議聲浪擴張時打開了一個小缺口。

然而機會似乎已逝，證實沒有可行的普丁替代人選。

二〇一二年普丁再度競選總統時，我的一位朋友——藝術領域的公務員——暗中忽視上司要她出席一場普丁支持者集會的命令。上司以懲處她的缺席做為回應；她的辦公室電腦網路斷線，而工作空間停止供應暖氣。後果可能更糟，她若有所思地說。她可能遭到開除。不過這次教訓並未嚇跑她身邊的人。

或公營或私有的任何公司和機構，只要收受政府資金，就必須對普丁和他指派的人表態支持，否則將面臨預算削減。當局會在常設於工廠、政府建物或大學裡的投票站檢視開票結果，懲處未開出預期票數的那些人。在車里雅賓斯克的一所大學，選民被命令帶手機進投票間拍下選票，以展示他們的投票行為。拒絕的人可能迎來不良後果，例如獎學金遭取消。聰明的學生想辦法加以克服。他們帶一段線繩進入，在普丁的名字旁擺成打勾形狀，拍下選票，然後拿掉線頭隨喜好投票。

普丁獲得百分之六十的選票。縱使發生舞弊和脅迫，開票結果指出少了種種詭計普丁還是會贏，雖然差距沒那麼大。米哈伊爾・戈言堅持要公開表達他的憤怒。他發起一個人的抗議，在自行車上高舉海報騎遍全城，海報上是打扮成耶誕老人的普丁，上頭打上大大的X，一旁寫著「冬天結束了」。米哈伊爾承認海報傳遞的訊息有些隱晦，尤其對外國人更是如此，但是他說他保持些許語意不清是為了讓警察感到困惑。最重要的是，他認為習於暗碼的許多居民會了解他意有所指。「改變的時候到了。」海報指的是眾所周知的「解凍」，即一九五三年獨裁者史達林過世時，蘇聯領導人赫魯雪夫鬆綁嚴刑峻法限制的作為。米哈伊爾試著表達是時候停止恐懼並大膽直言。雖然他沒違背法律且未召開非法集會，他和他的自行車最終被一群員警攔下。至少他們看得到普丁的身上有個大大的X。他們開始斥責他，問他拿了誰的錢，暗示是美國提供他資金。兩個穿市民衣著的「暴徒」出現，加入質問行列。他們威脅說要讓他橫屍街頭。當米哈伊爾要求警方出手干預，他們只是靜靜站在一旁。這群「暴徒」很明顯是普丁的暴徒。

在家鄉看不見新聞業的未來，米哈伊爾．戈言成為另一個離開祖國的有才幹俄國人，前往德國追尋未來。「我不相信任何一個官員。」米哈伊爾透過Skype告訴我。「或許有幾個人本性不壞，但是他們置身體制的單一目標是讓體制如常運轉。」他引述維克多．切爾諾梅爾金（Viktor Chernomyrdin）的一句話，維克多長期擔任葉爾欽的總理。「我們想要它變好，可是結果總是相同。」米哈伊爾做出以下回應，「結果相同是因為人們不願有所作為，而那出自人們認為做什麼都不會造成改變。」

車里雅賓斯克是一座典型的俄國城市，每個人都知道彼此做什麼生意。言論自由限制比莫斯科更嚴格，莫斯科的大量人口使某些人得到匿名性，而西方的目光提供另一些人保護手段。克里姆林宮容許莫斯科的獨立媒體享有微薄編輯自由，只為了讓不支持現狀的那些人發洩情緒。但是容許的發言範圍正在縮減。部落格空間是你依舊能看見真正在爭辯俄國過去、現在、未來的唯一場域。它填補了商業營運新聞組織惟恐觸及的領域，且成為有力量的顛覆源頭，使學者、像伊黎娜這樣的記者，以及其他人得以在受控制的傳統媒體之外，對範圍寬廣的議題發起公開討論。俄國廣大的部落客社群在接觸國內外資訊時，仍然相對未受拘束，雖然根據現行法律，這一切可能輕易遭到噤聲。

在最好的情況下，新聞業可以成為捉摸不定的野獸，但是俄國新聞業無疑是門墮落的行業，膽怯、順從、貪腐且遭人收買。亞歷山大・波多普里戈拉（Alexander Podoprigora）是在車里雅賓斯克具有影響力的政治學家，也是一位部落客，他定期發表文章詳細指控州長的不法行為，而這位普丁指派的州長顯然毫不畏懼遭人揭發。他的發文獲得廣泛轉貼，因為內容「安全」，人人看得出他受到保護。沒有未受保護的人膽敢發表這種資料；許多人相信，他的靠山是這個區域的國安機構。在俄國，絕大多數的問題不是沒有獨立評論，而是誰在背後鼓動。當你細讀車里雅賓斯克媒體的字裡行間，明顯有場戰爭上演，一邊是國安機構和他們的生意夥伴，與州長和他的親信對立。這很大部分要歸功於波多普里戈拉，州長大為讓步，辭去職務。即使如此，他顯然有他自己的保護者：他被派往莫斯科，成為享有追訴豁免權的議員。

* * *

俄國實驗新聞自由的期間短暫。一九八〇年代晚期，戈巴契夫的開放政策走得比他想像的更遠。新一群記者決心揭開長久隱身於布幕後的國家面紗。但是誰要在國家停擺後給付薪水給新聞記者呢？

安・庫柏（Ann Cooper）曾任海外特派員，現在是哥倫比亞大學新聞系教授。她為保護記者委員會（Committee to Protect Journalists）巧妙概述俄羅斯新聞史，解釋經濟因素是怎麼迅速奪得主控權，而非新聞倫理。道德淪喪的新富階級建立媒體帝國，使調查報導染上個人恩怨。到了一九九六年，總統葉爾欽遇上強而有力的共產黨競選對手，電視新聞記者撤除一切客觀偽裝，將汙衊共黨人士的行為辯白為支持民主。

當葉爾欽把總統大位讓給普丁，媒體大亨在忠誠和服從上習得更嚴厲的新教訓。機智的嘲諷節目遭到停播，再也看不見對當局的巧妙諷刺和調查報導，普丁清楚表明他不容忍針對他或他周遭官員的批評。六家全國電視台和台內記者收歸國家管理，有一家堅持不讓步的全國電視台叫Dozhd，或稱為「雨」，報導主要持反對立場，但是在二〇一四年同樣遭受束縛。在克里姆林宮的壓力下，幾乎全部的有線電視網絡撤下Dozhd，使這個頻道只能付費在網路上收看。與此同時，嗅到政治壓力的屋主將電視台總部逐出原有的住址。Dozhd在尋找新家時困難重重。

訪談艾默生電氣俄國分公司總監安東・德魯日寧（Anton Druzhinin）時，我問他是否擔憂媒體情勢的縮減，他服務的美國公司在車里雅賓斯克雇用了一千多人。走遍世界各地，薪資優渥、懂多國語言且富有見識，他把問題拋回來給我。「有什麼問題？」他問道，提及Dozhd和網站做為沒問題的佐證。

問題出在大多數俄國人收看電視頻道獲知新聞，而非瀏覽縮減中的網站或部落格，而這些頻道已成為陰謀論和反西方宣傳的尖刻供應來源。格列柏・帕夫洛夫斯基（Gleb Pavlovsky）是一位政治顧問與高超的政治化妝師，曾協助普丁的首次競選，後續擔任克里姆林宮顧問多年，在最近分道揚鑣。他擔心普丁缺乏策略思考、狂熱反烏克蘭、反美，以及普遍仇外電視節目的後果。「這使得人們處於精神損傷的狀態。」他說。「他們喪失了理智思考，他們變得偏執而好鬥。」

＊＊＊

一九九〇年代地方電視台尚能稍稍獨立於克里姆林宮及其身邊富商之外，如今表現得全然順從。它們幾乎完全受到倚仗克里姆林宮的地區政府控制，或是聽從仰賴當局餽贈的工業家。所謂的獨立地方媒體遠非真正獨立；它們倚靠利潤豐厚的政府合約，依約必須播出官方發言，不能附加批判評論。商業營運的網路平台也倚靠企業廣告，罕有企業會支持反對言論而損害與政府間的關係。俄國常見的「下單」寫作使新聞染上更大汙名。新聞機構常設置一個部門，投入此種違反道德準則的行徑，構成便利的收入來源。我曾讀到一篇有趣的文章，聯繫掛上署名的記者。他很尷尬，最終承認他不清楚這篇報導是否真確，因為那是有拿酬勞的委託寫作。

車里雅賓斯克一個重要線上新聞網站的主編，只在不具名的條件下願意受訪，他說他想不起服務的網站最後一次批評政府的內容。通常，他說，「我們試著避免衝突」——意指他和他的雇主不想冒犯官員和廣告主的好聽說法，後果可能得上法院或更糟。法院界定文字誹謗和毀損名譽的標準浮動，罰款具沉重打擊威力。

這位編輯在一頭熱的一九九〇理想年代成為新聞記者，是這行業裡又一位如今處境尷尬的工作者。俄國憲法禁止內容審查，而他描述的是自我審查和自保的不道德網絡。我問他有沒有報導處境跟我朋友類似的人，因拒絕出席普丁支持者集會而被非法懲處，他說沒有，雖然他坦承知情許多人蒙受同樣命運。他的消息來源不願公開坦率發言。假如他們不去承擔直言的責任，他就不碰那個題目。「人們感到害怕，」他解釋，而「自我審查是最大的惡魔」。他就是一個自我審查的絕佳範例。

當前政府管控緊縮下，國內最受歡迎的社群網站 VKontakte 突然遭受壓力。據其創辦人與前執行長保羅・杜洛夫（Pavel Durov）所說，聯邦安全局命令他交出參與基輔暴動社運分子的個人資料。杜洛夫說他拒絕照辦而被開除。他逃出俄國，聲稱 VKontakte 如今全權掌控在克里姆林宮的密友和官員手中。

＊＊＊

儘管掌控了媒體，政府仍然不滿意。假定媒體上充斥危害國家形象的負面新聞，是權力高層持續討論的議題。有些議員甚至批評綁手綁腳的國家電視頻道，埋怨它們寧可報導車禍而非新工廠開設。假如這些政治人物得逞，勢將回歸蘇聯時期，所有新聞皆幸福快樂。

文化部長弗拉基米爾・梅丁斯基（Vladimir Medinsky）正是那種人。他靠一系列暢銷的修正主義大眾歷史書籍成名，揭穿他所謂關於俄國的「骯髒迷思」，此大多由他稱之「西化人士」者所宣揚。他寫過，沒有國家像俄羅斯面臨這麼多恆長的妖魔化。他痛斥俄國的知識分子，表示：「知識精英停止用只看見過失的觀點挖掘我們共有的過去，這是很重要的事。夠多自我揭露了。我們的歷史充滿偉大的軍事開拓。這將教導我們往何處去，以及是什麼構成了我們的國家。」

鋪天蓋地的政府宣傳不只針對媒體和部落客，還包括廣義上的言論自由。安德烈・馬卡列維奇（Andrei Makarevich）是俄國最受喜愛的搖滾樂手之一，他擔任時光機樂團主唱，由於公開批評莫斯科的烏克蘭政策，他被烙印叛徒標記。儘管曾獲頒克里姆林宮的最高獎章，他的演唱會在政府威脅和施壓下突然取消。

電影和舞台劇導演弗拉基米爾・米爾卓耶夫（Vladimir Mirzoev）是少數膽敢簽署公開信的公眾人物，這封信在獨立報紙《新報》（*Novaya Gazeta*）[4]刊出，抗議烏克蘭發生的戰爭，以及信中描述為俄國自我孤立與恢復極權主義的行為。米爾卓耶夫的擁護者僅限有在觀看戲劇的知識精英族群。跟搖滾樂手馬卡列維奇相比，他造成的威脅微不足道，未曾因此受到懲罰。

在公開評論中，米爾卓耶夫訴諸心理學來解釋這個國家的狹隘心胸。「我了解我們的全體人民在整個二十世紀深深受到創傷。有群人輕易就能陷入狂喜與愛國主義導致的精神變態，並且同樣容易落入抑鬱。這是一種躁鬱症，人們以完全不恰當的方式回應一般而言令人恐懼之事。他們否認戰爭正在繼續。當然可以說俄國人是電視宣傳的受害者，可是畢竟上網找別種資訊來參詳比較，依然不是那麼困難。然而他們不想做任何比較；他們無法接受自己國家、自己祖國是侵略者的想法。」

塔瑪拉・美洛娃（Tamara Mairova）可能是米爾卓耶夫想的那種人。身為自軍事工廠退休的工程師，受過高等教育，她是熱中電視節目的觀眾，每當在廚房餐桌上面臨不同觀點，她會為國家電視台辯護，固執地聲稱：「事實就是事實。」討論烏克蘭事件時，話題立刻回到她深信西方長久以來企圖破壞俄羅斯的根基。她仍記得一九九〇年代，絕望地看著軍事工廠遭到管理階層掠奪，賣掉所有他們能賣掉的。她回憶：「沒人對生產任何東西感興趣，沒人在思考，每一個人都在偷。」她怪罪總統葉爾欽和他的西方顧問群。「所有那些財務操弄，倉促進行的私有化，這些想法不是來自本地，而是從你們那裡來，從西方來的，可是西方不必承擔後果。」

「可是貪汙該怪的不是俄國人嗎？」我問她。「喔，是啊，我們俄國人學得很快。」她說，發出苦澀的笑。「是啊，我們俄國人用最有創意的方式調適，但是環境是你們製造的。」

美洛娃創立一間服務石油產業的新公司而存活下來。在一九九八年的金融危機再次擊垮她以前，當時俄國拖欠國際借貸，她設法蓋了一棟大屋。建築工人裡有些工程師和科學家，是她失去了工作和生存方式的朋友。經歷過住在公社的童年時期，接著幾年搬進一處簡陋房

4《新報》於一九九三年創立，創業資金來自戈巴契夫獲得諾貝爾和平獎的獎金。報紙致力於俄羅斯政治社會的調查報導，二〇〇一年至今有六位報社記者遭到謀殺。

舍，如今她擁有對抗不確定未來的堡壘。儘管坐擁廣廈，她和丈夫過著中庸生活，吃自家庭園種的菜並靠自己完成各種修繕。她有點開玩笑地假裝射擊自動武器，展示她準備好要捍衛她的俄羅斯，抵禦所有外敵。

她女兒年紀三十出頭，對國家資訊抱持一種更加懷疑的觀點，試著在她母親展現令人無所適從的款待以及對西方的憤怒時幫我說話。她在這兩方面雙雙落敗。美洛娃經常跟住在烏克蘭東部的朋友談天，而她完全信服官方說法，認為分離主義分子正拯救俄國人和俄語使用者，免於遭受烏克蘭法西斯分子和西方陰謀者的掠奪。她指出，烏克蘭政府切斷國內某些東部地區的補貼和養老金，離間原本可能立場中立的人民。

美洛娃將任何違背她觀點的「事實」貶為西方散播的謊言，不幸的是她並非完全錯誤。雖然跟俄國的粗暴宣傳相去甚遠，西方做出的烏克蘭報導仍不算公正。西方媒體將烏克蘭發生之事描繪成公眾抵抗獨裁的民主起義，然而那也能理解成違憲推翻時常作風蠻橫的政府。西方新聞記者總在未加確認之下，重述烏克蘭政府立論薄弱且未經證實的聲明，同時在未查核下迅速駁斥俄國報導。他們對基輔支持的武裝國族主義者較不體面的行為缺乏報導，且鮮少留意烏克蘭「挺西方」政府的過失，例如欠缺如何使國家團結的視野，以及在遏止貪腐和推展經濟改革上的無能。這一切僅僅讓最低劣的俄國宣傳火上添油，且增加談成長程協議的難度。

我問記者伊黎娜·岡達瑞娃，對於向強權讓步的資訊、貪汙官員、順從政府的法庭和一場偷偷摸摸的戰爭，俄國人會忍受多久。她只搖搖頭說：「等待那麼久之後，人們想要享受當下可得的。現在每一個人都有罪，每一個人都付錢賄賂。俄國人有耐心，他們相信政府。店鋪裡香腸沒貨和再一次拿不到薪水時或許會爆發抗議。我還是不知道紅線在哪裡。」

在俄國，針對接管克里米亞、普丁干預烏克蘭東部，以及他要求忠誠否則懲處的種種議題，使家人和朋友因此分立。有時情緒如此高漲，有個朋友甚至說：「你親眼目睹一位朋友可以有多好，以及一旦從朋友變成敵人後有多可怕。」直到二〇一五年初，輿論天平仍然明顯落在普丁這一邊。

即使在烏克蘭事件爆發前，我注意到朋友間公開說話時愈發小心翼翼，在電話上也是如此。蘇聯老用語「這不是電話交談」重回人們嘴邊。還有我先前提過的事件，據稱有位鄰居抱怨我這個外國人住在這棟建築物裡。我被帶往警察局，詳查我的簽證。起初警察說要花一小時，然而時間不斷流逝。這時我的屋主打來，問我是不是沒關門：一位巡警發現門沒關上於是打給他，而且提出前所未有的提議，要免費幫他修鎖。這相當驚人，因為我離開時確實鎖了房門，而且我無法相信巡邏這一帶的警察碰巧走進去，「注意」到我位於無電梯公寓五樓的門有點不對勁。警察提議找一位鎖匠來免費修鎖甚至更不可置信。

隨後在當天晚上，我剛巧要參加一個英語俱樂部，在本地大學定期聚會。我提到剛剛發生的事。有人會打給警察說他們之中有個外國人嗎？「噢，不會，那不可能發生。」一位年輕女子說，她還補充，「我們全都恨警察，而且從來不會有人告發誰。」隨後，另一個年輕女子私下要我小心，說她祖母曾被鄰居告發，而且從史達林時代至今一切並未真正改變。

這群人來自一個叫「自由發言」（Speak Freely）的團體成員，在幾年前「自由發言」還是常態時取的名字。現在這詞彙意指「盡其所能說英文、談論中性議題」。聚會正式結束後，幾個成員來找我，跟其他人離得遠遠的，告訴我他們猜測究竟發生了什麼事。他們認為我被蓄意騙去警察局，好讓肯定躲在我周圍某處的調查員能入侵公寓，查看我的所有物，包括我的電腦。他們推論，無能的調查員離開時找不到方法重新鎖上門，導致那通打給屋主的電話，提出要修鎖的奇怪建議。

第十六章　核子夢魘

車里雅賓斯克是蘇聯核子計畫的誕生地，在蘇聯等同於華盛頓州的漢福德區（Hanford Site）或田納西州的橡樹嶺（Oak Ridge）[1]。如同歷史學家凱特·布朗（Kate Brown）在著作《鈽托邦》（*Plutopia*）裡挑明猛批的，蘇聯和美國的核子計畫皆於安全性和廢料管理方面打馬虎眼，好將生產放在第一位。他們雙雙壓下意外事件消息、偽造安全紀錄、對生病員工遮遮掩掩，可是車里雅賓斯克嘗到的後果無人可比。數萬人註定身受輻射毒害，其他人揣想著自己的命運會是如何。數千畝土地被汙染。車諾比意外凌駕了任何單一事件，然而車里雅

1 這兩處皆屬於曼哈頓計畫。漢福德區於一九四三年建立時，用途是製造核子武器，冷戰後成為核廢料處理區；橡樹嶺則是橡樹嶺國家實驗室所在地，主要在生產與分離鈾和鈽。

賓斯克反覆發生意外的累積影響，加上此地區多年維持保密，為車里雅賓斯克贏得了「地球上汙染最嚴重之地」的不雅名聲。

一九四五年，史達林選定車里雅賓斯克地區偏遠一角，做為新的核子武器計畫位址。距離莫斯科一千英里、當地首都一百英里，此地遠離打探目光，卻又近得足以維繫適當通訊。這一帶的森林能供應建築材料，清澈河流與湖泊供給必要水源。

戰勝納粹德國後，蘇聯百廢待舉。國內大片土地遭到夷平。舉目皆是貧窮景況，且缺乏科學與技術專家。受到美國使用核子武器對付日本的激勵下，蘇聯急於自行製造出原子彈，耗盡僅有資源。成功並未如預期來得快，不過蘇聯仍然在令人震驚的短時間內製造出原子彈。追求速度導致意外反覆發生、對於安全和健康欠缺關照，以及鋪天蓋地而來的汙染、疾病和死亡。有些人主張：「我們拯救了蘇聯，這是值得的。」其他人認為付出的代價實在過於高昂。

核子計畫最終納入中型機械工業部底下，命名刻意無害以掩飾激烈的祕密活動。剛開始的興建勞力來自蘇聯監獄、德國戰俘和年輕的徵召入伍軍人。儘管經常面臨寒冷天候，他們住在帳棚和溝渠裡，兩年內，工人數量暴增至四萬七千名。他們只知道工作地點的郵遞區號——剛開始是車里雅賓斯克四十號，後來改成車里雅賓斯克六十五號。這座處理鈽元素的工廠最後被稱為 Mayak，意思是燈塔。

剛開始的計畫是建一座實驗反應爐。即使以當時的標準來說都算原始，外觀像是一棟寬廣的磚造蜂巢。下一步是打造四座之中的第一座工業石墨反應爐，於一九四八年開始運轉。周邊設立一座化學工廠，在反應爐的照射下從鈾中提取鈽，以及一座冶煉工廠，把濃縮鈽轉化為高純度的鈽金屬，用以製作蘇聯的第一顆原子彈。

最早的工業反應爐很快產生嚴重問題，為了救出裡面的珍貴鈾塊，工人徒手把它們運出來。為了額外獲取些微的食物，軍人也用抹布和水桶清洗具高放射性的廢料。他們毫無所悉，甚至暴露在比當時認定的年輻射許可劑量還超出十到十二分鐘。

士兵一旅一旅輪替進入，常暴露在無法容忍的輻射量下。當軍人和囚犯最終獲得許可離去，未曾記錄他們到過哪裡和暴露於多少劑量。假如他們在遠方的家裡感到不舒適，醫生沒有辦法提供診斷。他們在此之後的疾病和死亡情形未留下紀錄。

一九五一年弗拉基米爾・切爾溫斯基（Vladimir Chervinsky）被迫前往廠區工作，他描述受徵召者遭到的全然漠視：「我們詢問為什麼我們逐漸生病時，他們告訴我們工作結束後，新鮮空氣會治癒我們。他們沒說獲得治癒的是哪種疾病。」在核子廠區待了九個月後，他被放出來，沒留下文件記載，沒給與補償金。

士兵和囚犯是第一批死亡者。其他嚴重輻射疾病的案例在工廠裡出現，集中在負責徒手將鈽從放射性鈾裡拿出來的工人，主要是女性。學者佩卓亞諾夫－索科洛夫（I.V. Petrianov-

Sokolov）回想那群女人看起來病得有多重，指出那裡甚至連最初階的安全守則都未具備。許多人活不到三十歲。

醫生群於一九四九年被命令前往核子廠區，診斷並治療不斷增加的輻射疾病患者。米拉・可申科（Mira Kosenko）醫師受雇的時間較晚，但是她認識早期赴當地工作的多位醫師，她仔細而痛苦地記錄下這段早期歷史。她描述醫師是如何坐在窗戶遭遮蔽的車輛裡，被載往車里雅賓斯克四十號，如此一來他們就無法得知路徑。他們不能跟家人通訊，在某些案例中，親人以為他們被逮捕送往勞動營。

第一批醫療人員沒受過治療輻射疾病的訓練，且基於保密，他們無權出席國際或國內的相關會議。安潔莉娜・葛斯科娃（Angelina Guskova）醫師是首批駐點的醫師之一，她樂天地說：「我們藉著嘗試成功學習。」[2]但是拯救病人並不容易。當醫師試著將顯然暴露於照射的人撤離工作場所，請求卻遭遇高層的傲慢反應，表示他們的診斷是「沒經驗男孩和女孩的幻想」。官員不想失去有經驗的工人。葛斯科娃認為工人的照射值頻頻超量，必須為每一個她撤離工作崗位的人奮力爭取。在那之後她說：「我很驕傲我們做到了，而且使百分之九十的人回復健康。」但是健康維持多久並不清楚，由於後續追蹤與紀錄並未妥善處理。

計畫開始不久後，另一個問題浮現——如何處理具放射性的廢料。四年來工人把大量高汙染性的廢料扔入鄰近的捷恰河（Techa River），這條河流經四十個村莊，當時住著兩萬八千人。河道細窄，有時不比一條走道寬。河水流速也很緩慢，有許多廢料堆積在岸邊與沉入河底。這條河緩流一百五十英里後注入另一個河系，最終流抵北極海。沿岸村莊全是貧窮農業聚落，由俄羅斯人和當地種族構成——穆斯林韃靼人和巴什基爾人。這些人口仰賴捷恰河供給飲水、灌溉田地、清洗衣物、游泳和捕魚。一九九〇年時米拉・可申科醫師終於有辦法問高層官員，他們為什麼對保護沿岸人民毫無作為，他們明知道人們倚賴那條河。官員軟弱地回答，他們認為輻射廢料會完全溶解消失。事與願違，而他們心知肚明。

一九五一年，一千英里外的俄國在北極海域偵測出輻射物質後，終於採行河流測量。捷恰河沿岸的輻射劑量極高，不僅河水裡如此，村民放養牛和雞的土壤田地也受汙染。

梅特利諾村（Metlino）是廢料棄置點下游處的第一個村莊，居民體內累積了最高的輻射劑量：放射性同位素是一般年暴露劑量的四百至六百倍。下游處更遠的其他村莊也累積了高劑量。此外一九五二年起禁止取用河水，那是在測量結束的整整一年後，距離廢料傾倒已四年。由於核子計畫的保密，捷恰河沿岸村民無法得知禁用河水的原因，而那是他們的命脈所在。人們別無他法，因為大多數人沒有水井。

居民很快顯現出各種症狀，包括暈眩、噁心、紅血球細胞損傷及白血球數量下降。白血

---

2 安潔莉娜不說「嘗試錯誤」而說「嘗試成功」，可能是在嘲諷蘇聯的土法煉鋼。

病和其他癌症隨之而來。政府決定遷置某些村莊，但是撤離時間一再延後。由於核子計畫保密，村民遭到不加說明的斷然驅離，為他們貧弱的健康帶來心理創傷。村民被迫離開他們好幾代的居住地與祖先埋骨之處。他們離開家園，得到些微補償金，遷往狀況遠較原居地惡劣的房舍。

村民撤離於一九五七年喊停，當時一位蘇聯官員宣告捷恰河安全無虞。據可申科醫師所說：「一個人的提議，把災禍帶給遭到遺棄的數千人。但是這對核子計畫有利，所以獲得採用。」用於遷置的資金被轉去別處。

情勢之壞，最大的麻煩還在後頭。一九五七年九月二十九日，監測系統測出燈塔處理廠的一個輻射廢料儲存槽運作失常。儲存槽後來爆炸了，殘骸大多落在爆炸現場附近，放射量測定器在第一晚顯示出容許值的四千倍劑量。其他的物質形成一片輻射雲，覆蓋地區面積等同於紐澤西（編按：面積比台灣本島略小）。蘇聯當局對居住於輻射雲路徑下方的那些人保守祕密，也向全世界封口。

營建工程團隊再度承擔危險，大多由徵召從軍人員組成。不少於兩萬名士兵受到徵召，前往清理一九五七年的意外事件。他們承受的照射劑量未留下紀錄，命運再次落入不明狀態。米拉．可申科醫師這麼說：「士兵除役後，國家就不再擔心他們了。」

餘留的居民已身受捷恰河的汙染，再次淪為受害者。當局對於是否要撤離居民遲疑了十天。伊蘭．卡尤贊曼諾夫（Iran Kharzamanov）描述他的十歲女兒置身雲下，幾天後就嘔血身亡，其他兒童病了。他說成人存活得比較好。來到他們村莊的士兵殺掉所有貓狗，做為驅離的預告。接著他們殺掉牛隻、雞群和鵝群。「每一個人都在哭泣，所有牲畜死去後謠言開始散布，說他們要殺了我們。」他回想。「出現全面的恐慌。」村民奉命呆坐在自己的房子裡又過了十天，終於要搬遷時，他們幾乎什麼都不能帶走。他們被命令燒掉大部分所有物，隨後遷往一處遙遠村莊，那裡的新屋跟合板搭成的框架相去不遠。他們再一次未獲解釋。

一九六〇年代，米拉．可申科醫師受雇於一間新設機構，目的是研究與治療輻射病例。她想繼續從事她的心臟病學研究工作，但是她的「檔案」對她不利：可申科的父親於一九三七年被送往勞改營，遭指控從事反蘇聯活動，而她母親是猶太人。她想不到自己會是祕密醫療機構職位的候選人，對此她不太明瞭，不過就像她說的：「命運以奇怪的方式運轉。」

可申科和她的同事試著將有限資源發揮最大效用。藥物和血液短缺，診所和他們試圖協助村莊間的距離，形成另一個阻礙。路途上皆是顛簸小徑。在夏季那幾個月，他們會在當地學校裡設置臨時醫療中心，把所有物資帶在身上，包括床墊、床單到實驗設備與乾淨的水，這些物資在當地絕對缺乏。在嚴格的國家保密法規下，他們不准告訴病人他們暴露於輻射，或是任何跟輻射相關的診斷，這加深了他們的困惑與未來可能受到的汙染。

由於紀錄相當貧乏，難以釐清哪些病症來自長期輻射中毒，而哪些僅是貧窮生活條件和猖獗傳染病的結果。症狀常是兩者皆會產生的。有件事很清楚，當地人的健康狀態惡劣。當可申科和同事試著處理燈塔意外事件的後果，不負責任的當局為他們的工作量添加新案例。當地兒童被命令去受汙染的村莊拆除建物，無論他們或他們的父母都未獲知風險，而且沒有人在那裡檢測輻射劑量。

還有另一起毀滅性的意外。一待當局「正式」停止往捷恰河大量傾倒廢料，他們改為儲存在卡拉恰伊湖（Lake Karachay）附近。這座湖泊實際上更接近一潭沼澤，雀屏中選的原因是沒有外流出口。然而高放射性的物質滲入底部含水層。接著在一九六七年的漫長炎熱夏季，卡拉恰伊湖乾枯見底，強風吹散高放射性塵土至廣闊土地上，導致數千名新的受害者，也危及反覆蒙受汙染的那些人。

一直要到一九八九年，在新興環保運動的壓力下，中型機械工業部公開燈塔處理廠意外事件的厚厚手冊。美國科學家湯瑪士・科克倫（Thomas Cochran）罕見獲准造訪此區域，他估計卡拉恰伊湖受到的汙染仍然是車諾比事件釋放輻射量的兩倍半。他論斷，站在卡拉恰伊湖邊一個小時就會使人體累積輻射致命劑量。

反核運動聲勢漸長，迫使此區域昔日保密的醫療診所解密。娜塔莉亞・米羅諾娃（Natalia Mironova）協助當地一家人獲得損害賠償，致使俄國當局承認燈塔處理廠外洩與基因損傷間的關連，這令人不可置信。她希望過去的環境不公終能獲得賠償。但是根據歷史學家凱特・布朗所說，時任總統的葉爾欽在環保運動分子對他詆毀共產黨對手不再有幫助後，就抽手不再支持環保運動。環保人士如今成為敵人，威脅要揭露燈塔事件與葉爾欽政府的明顯責任。後繼的請願者輸掉一個又一個案件。

一九九四年，俄國的祕密核子武器城市終於在地圖上現身。在車里雅賓斯克地區，這包括了舒爾一家人居住的斯涅任斯克，以及如今獲得新名字的鈽處理廠區，叫奧焦爾斯克——得自俄文裡的「湖泊」一字。這些無害的命名對遏止爭辯和懷疑無甚幫助。奧焦爾斯克持續發生意外，而當局試圖加以掩蓋。像娜塔莉亞・米羅諾娃這樣的早期運動人士，遭受愈來愈強大的壓力，要他們保持沉默。米羅諾娃被控叛國，而且普丁的稅務警察癱瘓了她的財務。即使如此，她激勵其他人繼續努力。

米羅諾娃的反核運動在一九八〇與九〇年代初剛嶄露頭角時，娜潔日達・庫傑波娃（Nadezhda Kutepova）並未加入。她正努力成為一位護士，生下她的第一個孩子，並且為生活掙扎。跟許許多多人一樣，她瘋狂買進物品帶往奧焦爾斯克售出，那是賺取生活費的少數方式之一。她有一張神似茱莉亞・羅勃茲的臉，試著接模特兒工作。她上夜校取得社會學學位。最後在二〇〇〇年左右，她的生活來到十字路口，有位朋友建議她出席一場環境人權會議。她不情願地答應了。一切事物湊在一起：她的家族歷史、她所追尋的有意義職業，以及一群奉獻自身的社運分子。她深深投入其中。二〇〇四年，她設立她自己的非政府組織「希望星球」（Planet of Hopes），根據地是她的家鄉奧焦爾斯克。她仰賴來自美國和歐洲資助者的撥款。儘管沒有正式的法學學位，她靠自學成為一位倡議者，代表像她家人一樣未受補償與認可的數千人。

庫傑波娃生於一九七二年，當時奧焦爾斯克仍然只有郵遞區號為外人所知。她描述自己是個平凡的蘇維埃女孩，除了家族內外許多人早逝，或者變成殘廢。「我覺得這是正常的。我沒想過『為什麼』。」她祖母是一位化學工程師，在燈塔廠區最危險的區域工作，年紀輕輕就死於癌症。她父親年輕時因肺癌病逝。在他十九歲時，曾與其他數千人一起擔任「清理人」，於一九五七年事故後清洗現場。經過數年，當他身亡時，無法證明他的死亡與輻射暴露有關。表列清理參與者的紀錄不完整，而他的名字不在其中。

前來向庫傑波娃求助的人裡頭，包括被迫擔任「清理人」的小孩和懷孕婦女。理論上他們禁止從事這種工作，因此未見於任何官方名冊上。根據庫傑波娃所說：「俄國有許多受害人，得不到五十多年前發生的核子事故賠償金。」她忿忿不平地指出：「俄羅斯政府似乎想等到所有的受害人死去。接著他們或許會決定給付賠償金，不過既然他們全都死了，國家就不需要付一毛錢。假如我們成功幫助過去的受害人，這對今日仍在受苦、而且仍然害怕說出來的人有絕大助益。」

在二十一世紀最初十年過到一半時，官員未預先警告就搜索庫傑波娃家和辦公室。他們指控她逃稅，這是用來對付人權運動分子的典型手段，不過案子最終撤銷。官員接著出現在她小孩的幼稚園，詢問她是否適任母親角色的尖銳問題。這顯然是另一種威脅。

當庫傑波娃與聖彼得堡一位受人尊崇的學者，試圖在保密行政區內進行一項人民生活的社會學研究，他們遭控間諜罪。隨後所有的指控再次撤銷，然而研究已無法繼續進行。官員持續把庫傑波娃叫去做「友善的」訊問，警告她這些工作可能會導致「不幸後果」。

持續不懈調查之下，她和其他環保運動人士揭發了一項祕密法院判決，顯示燈塔核子處理廠於二〇〇一至二〇〇四年間持續將放射性廢料丟進捷恰河。為了取得遭封藏的資料總計花了五年。儘管燈塔的官員一再否認，法官判定「背景輻射量的增加危害居民的健康和生命，包括急性骨髓性白血病和其他類型的癌症」。法官也指出，清理基金被挪用於發放津貼。庫傑波娃也成功揭露燈塔官員捏造另一起事故的相關資訊。

庫傑波娃猛打官司。雖然她在法庭上並未取得壓倒性的勝利，她持續爭取受害人的賠償金、記錄持續不斷的汙染，並舉報核子封閉行政區內違反人權的行為。二〇一五年，司法部把她的名字加進愈來愈長的「外國代表」列表，無視庫傑波娃提出她參與的是公民活動而非政治工作的論點。因為未預先註冊為外國代表，她抗議遭此分類，如今她面臨高額罰金。

或許最複雜而令人激憤的議題，是一九五〇年代末獲撤離五個沿岸村莊的命運，儘管某些案例離那些搬遷的村莊僅有兩百碼[3]之遙。被留下來的大多是巴什基爾人或韃靼人——此事實導致多年來產生種族屠殺的指控。儘管未有證據支持這項論點，許多居民相信當局刻意忽略他們的村莊，不顧危險，好讓他們擔任實驗對象，測量長期輻射暴露下的影響。

無論這群村民被留下來的理由為何，居民覺得自己是受害者。像鄉下土包子那樣遭人打發之際，他們記錄下家人的死亡。他們知道環顧四周時，自己跟家人都病了，而且病得不尋常。

社群緊密相連，受家人和貧窮所繫，他們無法搬遷，因為沒人會買他們的房子或土地。制定的賠償制度看來武斷主觀，有些村民獲得月俸，雖然一個月僅有十二美元，而他們的左近鄰人卻什麼也沒得到。當他們提出申訴，當局輕忽他們的健康議題，彷彿那不過是酗酒造成的結果，並稱他們為尋求施捨的機會主義者。科學家早已明瞭，放射性同位素有能耐對身體造成完全相異的影響。在診斷上固有的複雜性，使美國和俄國領導人皆能輕易否認任何致病影響。

＊＊＊

二〇〇五年，聯邦政府終於推行一項計畫，打算重新安置五個遺留村莊之一的墨斯里烏莫望村（Muslyumovo）。這是一座相當大的村莊，恣意蔓生於捷恰河一處河灣內側。墨村從未獲得重新安置，至少有部分原因出自村莊的規模，也因為蘇聯包商認為重建過於昂貴。到了一九九九年，有位本地醫師估計村裡出生的嬰兒中，百分之九十五有基因缺陷，同時百分之九十患有貧血、疲倦症狀和免疫疾病。

官員終於展開搬遷討論時，許多居民想盡可能搬得愈遠愈好，搬往地區首都以外的乾淨郊區。但是官員認為那個選項太貴又太複雜。相反地，地方政府挑中一個地點，就在河對岸、距離不到兩英里處，激起了新地點究竟有多安全的問題。居民也獲得另一個選項，即收取等值於三萬七千美元的現金去別處購置新屋。可是得到這筆錢的人是誰？許多家戶裡有好幾代擁擠共住，同為健康狀況不佳與工作機會欠缺的受害人，因為這地方沒人想來。決策是每間房屋補助總額為三萬七千美元，無論裡頭住的是一個人或十個人。制度一團混亂。希望離開的人常等不到款項，而終於到手時，這筆錢不足以購置等同於現居大小的房屋。

住在其他遺留村莊的那群人甚至未獲得這些選擇。他們繼續在捷恰河沿岸求生，如同布羅多卡爾馬克村（Brodokalmak）村長尼可萊・奧雪科夫（Nikolai Oshurkov）所描述，孤立隔絕、貧窮，以及對放射性汙染的恐懼，這些後遺症詛咒了他們。

3 約零點一八公里。

二〇一二年我驅車前往時，通往布村的道路上，妝點著總統普丁指派州長的海報。他是一位商業巨富，要求人民活得「正直」。我轉往布村和捷恰河的方向時，道路變得滿是泥濘。以前這裡有座國家農場，不過奧雪科夫指著周遭說：「看，現在全毀了，剩下廢墟。」村莊聚落分崩離析，判定村子安全或者河流致命的矛盾報告使村民四散。本地沒有私人企業，沒有課稅基礎，而且沒有工作機會。與獲得賠償背道而馳，村莊遭到區域政府扼殺，因其違背不可能依循的規定判定罰金。與此同時，村中半數殘破木屋無法獲取天然氣供暖，且幾近一半家戶沒有自來水。奧雪科夫說，真正使他惱怒的是「區域官員不把這當一回事」。

村長跟一位想來開養雞場的以色列企業家談，承諾給他有利的條件。了解村莊的歷史後，投資人縮手了。儘管養雞場不會引用河水，他說這一區的名聲會扼殺他的生意。「傳言彷彿就在耳邊，」他告訴村長，「說我賣輻射雞。」那是與潛在投資人最後一次交手的經驗。儘管向企業奉上免費土地，尼可萊．奧雪科夫說沒人肯拿。

仍居住此地的人口從高峰的一萬人衰減為三千人，其中包括年輕家庭。為什麼？我提問。奧雪科夫痛苦地回答：「這是我們的家；我們忠於這地方。我們的祖父母住在這裡，我們的父母也是。而且沒人會買我們的房子，那我們要去哪裡？」雖然他把小孩送走了，他說村裡大多數小孩要在都市求生是極其困難的事。

在本地學校裡，教師瓦倫蒂娜．帕許妮娜（Valentina Pashnina）打造了一個博物館，有一個小房間用於描述燈塔核子廠，以及它對捷恰河和布羅多卡爾馬克村的影響。帕許妮娜是一位嬌小而頑強的女性，頭髮染成紫色，她是最初在報紙上蒐集資訊、拼湊發生何事的人之一。但是當時農場正面臨解體，她說。薪水發不出來，人們滿心絕望。她說汙染僅是眾多打擊的其中一個。

她隨身攜帶放射量測定器並登記「熱點」，即輻射量高出尋常數倍的地點。她對此無能為力。「我們是人質。」她說。她也把孩子送走了。「這裡什麼都不剩了。」她做出結論，又補上一句：「實際上比什麼都不剩更糟糕。」

在封閉行政區奧焦爾斯克，燈塔核武廠區的所在地與諸多苦痛的來源，生活條件要好上許多。我不被允許進入，不過從第一手描述和衛星照片得知，一九四〇年代仍一片荒蕪的奧焦爾斯克，已發展成相對吸引人的俄國城市，儘管生活無趣。如同斯涅任斯克，舒爾夫婦居住的封閉核子城市，奧焦爾斯克的薪水已大幅改善，而擔心不滿且貧窮的核子科學家恐將某些武器等級的原料走私出國，早成明日黃花。就像一位美國官員的說法：「擔憂比機會主義更不令人感到絕望。」

跟俄國其他九個散落各處的封閉核子城市一樣，奧焦爾斯克和燈塔廠區依然受到雙層鐵絲網與嚴密守衛包圍。除了居民、工作者和持有特殊通行證的供應商之外，城市仍對外人封閉。邀請一位親屬入城參與家族慶典要提前一個半月知會，除非你的身分是官員，如此一來審核只需要花幾天。

根據美國專家的看法，俄國核子安全現今最大的威脅是貪汙。負責核子武器或敏感原料的幾位官員因收受賄賂被捕。奧焦爾斯克的地方政府官員一再因貪汙遭拔除職位。燈塔廠區不再生產鈽，基於一項美蘇協議要求停止後續所有的鈽生產。然而如今廠區安置著數千枚除役核彈裡的武器等級鈽。核分裂物質儲存設施是一座堡壘，牆壁厚達二十三英尺，在設計上能承受地震與飛機衝撞。設施由美國和俄國共同出資興建，華府投入超過三億美元。

歷經十年的政治、官僚和財政阻礙，設施於二〇〇三年的落成代表美蘇合作創下里程碑，雖然俄國人從未證實裡頭存放了多少鈽，以及殘留的廢料去處。美國也跟俄國人合作，由華府提供設備、專家和訓練，改進會計系統及存放於燈塔廠區的武器級核子原料安全，使之適應現代需要。

美國專家說，要衡量他們的投入有多成功從非易事，俄國人痛恨分享資訊。在合作初期，少數獲准進入奧焦爾斯克視察的美國官員會帶一位口譯，在市中心漫步和逛店鋪。他們在核子設施的用餐區跟人談天，張大眼睛不放過細微卻價值非凡的細節，有些專家主張，那比任何衛星影像所能透露的更有幫助。實地接觸所受到的限制逐漸增加。美國官員就連在街上跟人聊天，都不再獲准。他們不被允許攜帶放射量測定器以檢測輻射值，並且遭禁止帶任何電子設備進城。

截至二〇一四年，俄國和美國專家一致指出，燈塔廠區仍有十一處敏感處理位址的核安全需要加強，然而合作關係正在瓦解。雖然眾多核子專家持反對意見，主張任何一種合作總好過不合作，美國國會擋下了聯合核子安全專案的新經費。俄國人接著關閉燈塔廠區的一切接觸管道，連帶其他的封閉核子設施在內。儘管如此，專家群表示合作協議仍舊準備妥當，只待雙方找出方式重新簽訂。

不再生產鈽以後，燈塔廠區如今參與涉及敏感原料的其他核子計畫。或許最重要的一項是處理產自俄國反應爐和核子潛艇的使用過核燃料，另外也包括蘇聯在越南、波蘭、捷克共和國和保加利亞建造的反應爐核燃料。燈塔也獲得合約，再處理具有爭議的伊朗布歇爾（Bushehr）核電廠[4]燃料。計畫要再興建數十座核子反應爐，供應國內使用並輸出國外，可是連希望跟燈塔達成商業交易的那些人都被擋在門外，無法進行他們認為必要的訪視，以判定廠區的安全和效率。

俄國對外國客戶推銷的一大賣點，是承諾替他們的核子反應爐再處理使用過的核燃料，

4　布歇爾核電廠的建造一波三折，最初始自一九七五年，此後伊朗革命以及兩伊戰爭皆使工程受阻。最終工程從德國轉到俄國包商手中，於二〇一一年開始運轉。

即使這道程序會產生龐大的核廢料，而廢料的下場仍舊不明。無視於這項事實，區域官員主張再處理使用過的核燃料可為車里雅賓斯克打造雙贏前景，承諾他們將「送還再處理後的產物，留下來的只會有錢」。

第十七章　改變中的地景

如果你搭直升機飛越俄羅斯鄉間，你可能會想，不久前有場戰爭摧毀了這片地景。昔日的國家集體農場，每一座雇用數百人，違抗所有的經濟概念，現在成為一處又一處的廢墟。一九九〇年代，有位美國農夫造訪車里雅賓斯克的一處農場，當時仍雇用了四百五十人，隨後他對俄國東道主說，那農場要在現代世界生存的唯一辦法，是把工作人力減到僅剩四十人。未曾逐漸縮減人力，這處農場直接垮了。共產黨統治告終的二十年後，國內三分之一的耕地無人耕種。牲口棚與小屋任其腐爛，徒留陰森嚇人的支架。許多融入自然美景、只是稍嫌簡陋的單層樓木屋，裝設有雕花的木窗，如今往一側傾倒，彷彿屋子跟留下來的年長居民同醉。

繞行這一區北端的直升機之旅會看見迷人的湖泊，坐落於烏拉山脈的低海拔森林裡。旅程中也會見到煙霧升起，來自經年未受管制的工業和輻射汙染摧毀之地。卡拉巴什（Karabash）的村莊圍繞著廣闊的銅礦建立，熔爐產出堆積成丘的爐渣。細數百年來的歷史，大多時候沒有汙染管制，卡拉巴什是車里雅賓斯克地區又一處可競爭「世界上汙染最嚴重」獎項的地方。由於充滿鐵質，河川在夏天流著黃水，而冬季結冰時轉為亮橙色。周圍土地因酸雨而成焦土。本地的山頭完全失去了森林覆蓋，石頭排出「拯救與保存」的字眼，喊出沒指望的求救呼喚。造成的毀壞以及對健康的影響如此巨大，本地人的預期壽命不到五十歲，而礦場已在一九九〇年關閉。有能力的人搬往他處，人口下降一半到一萬五千人。一九九八年礦場重啟，新業主是俄羅斯銅業公司（Russian Copper Company）。公司堅稱已採取措施清理熔爐，但是環境監測顯示已做到的遠遠不足。無論爭論不休的事實為何，卡拉巴什的景觀看起來還是像月球表面。

環保團體跟許多公民組織一樣，是在後蘇聯時代初期受西方非政府組織啟發與資助成立。它們一度廣受歡迎，但在那之後未能獲得本區大部分居民支持，原因是居民太容易擔心受怕，而且那些居民擔心單一產業城鎮的未來，以及工作機會的喪失。

在善用爆炸性的開放、西方資金與資訊取得權後，環保人士如今處境掙扎，而且在援用官方紀錄來支持案例時遇上困難。車里雅賓斯克市有八個蘇聯時代政府設立的環境監測站。監測站的目的是辨別九種汙染源，不過根據環保運動人士安德烈・塔列夫林（Andrei

Talevlin）所說，現在的空氣汙染面臨的是上百種危險汙染物質，所以在可得的情況下，官方數據「比沒用更糟糕」。身為「捍衛環境組織」（In Defense of the Environment）的主管，塔列夫林指出，依照法律規定，政府必須預先通知工廠將要進行何種檢測；這項措施使與政府友好的工廠操作員獲得充裕時間大肆整頓。

塔列夫林是律師，長期從事環保運動，且持續獲得來自挪威的一小筆資金。他說他的組織無法定期從事精密監測。在長久以來的投訴下，地方檢察官帶進一整隊獨立實驗室人馬來檢驗數值，結果判定車里雅賓斯克市的排放物極其危險。即使如此，檢察官未能使排放汙染者接受司法審判。一位法官拒絕採用檢測結果。塔列夫林這麼說：「所有法官都是藉著某種方式由普丁任命的。」

二〇一五年，塔列夫林奮力阻擋俄羅斯銅業公司開闢另一座巨大露天礦場的計畫，位置鄰近已受汙染的區域首府車里雅賓斯克。他同樣被放入「外國代表」的名單裡，威脅要處以高額罰款。儘管他的地位是本區最有實際作為且負責的環保人士，他被排除於新成立的市政環境委員會之外，而委員會成員盡是一堆工業家。不似歐斯底里的社運人士，他以最具策略且合法的方式運作，試著把反對陣營聚在一起討論關乎群體福祉的議題。有一次上述聚會遭警方打斷，他們宣稱收到炸彈威脅，那是在全國普遍用來阻撓公共論述的詭計。此種對立使他絕望，在部落格他寫道：「我們完全停止聆聽對方的聲音。」

大眾對汙染感到憂心，卻缺乏群體行動，兩者之間有著明顯的矛盾。找任何一位住在車里雅賓斯克眾多工業城鎮的居民，問及汙染，他或她將給出相同答案。利用週末一點一滴排放，那段期間廠區的工程師休假，到了星期一早晨空氣已臭不可聞。在二〇一四年的新年假期，嗆人煙霧籠罩區域首府，空氣惡劣到當局警告人們別外出，口罩價格翻漲。二〇一五年冬季更加惡化。最終，歷來最高的兩千位城市居民加入一項網路活動，表明「夠了」。目睹且聞到陣陣濃煙從本地工廠冒出，受夠了拐彎抹角的解釋，他們去找地方行政機關首長，懇求普丁總統有所作為。

雖然有些地帶逃過汙染，區域政府欲吸引大批遊客前往惡名昭彰汙染地區的想法，仍顯得有些牽強。移除網路上的車里雅賓斯克汙染歷史，或者限縮參考資料，這項舉動所費不貲且並未成功。只要鍵入「車里雅賓斯克」，其不雅名聲仍然出現在最前面幾筆。然而搜尋低價假期的本地人能在相關名詞裡找到一切。假如你住在卡拉巴什或區域首府，開車前往看來純淨的湖泊度假，也就等於是讓呼吸道獲得休息。幾座滑雪度假村正在興建，有計畫要把其中一處擴展成高檔的全年無休度假中心。

一如既往，像這樣的發展計畫處處是貪汙機會，不過這一區的新州長採取了某些令人振奮的措施。他曾任鋼鐵工廠經理，起初因普丁指派上任，後來在沒有強力競爭對手的情況下勝選。此後他與開發商抗衡，那些人低價取得國有土地後，把價格翻上好幾倍賣出。州長說他有意取回被偷走的錢，拿來支援遭到削減的預算。許多人忍不住要問：「這僅僅是商業財團間的另一場戰爭，抑或是改變遊戲規則的真正作為？」

踏出不規則擴展的區域首府十英里開外，你到了正倉促轉型為城市郊區的村莊。四層樓的華屋聳立於容納兩個家庭的單層水泥房舍旁，再過去是一處整修過的貧民區。這裡毫無分區規劃可言，除非交出賄賂，也沒有社區的概念。蘇聯統治終結二十多年後，混亂狀態依舊持續存在，談到誰該為社區公共服務體系負責，沒有明確答案。自治區倚靠區域政府提供資金，而對於錢的去處幾乎全無說明。

驅車往南開得更遠，穿越這一帶及外觀與百年前無異的偏遠村莊，這裡沒有自來水，有公共水泵，還有從本地森林偷砍的成堆木材，是唯一供暖來源。我跟別人說我住在距離紐約市三小時車程的村莊時，他們看著我的表情混雜了同情、驚恐和好奇。在小木屋度週末是一回事，可是住在使俄國人聯想到滿是坑洞的路面、生活設施匱乏、沒有店鋪、毫無優點的居所，又完全是另一回事。當我說我們絕佳的圖書館仰賴大眾捐款，而我們的急救和消防體系靠志工供應人手，得來的是全然的不理解。「不會吧？」一位俄國朋友說。「我想都不會想捐錢給我的村子，因為會被偷走！」無論曾強迫施行的「集體」社群概念為何，如今蕩然無存，每一個人只顧自己。現在所有人住在高高的圍牆後方，對鄰居和地方政府存疑，因為地方政府仰賴區域政府，而最終的靠山是克里姆林宮。但是沒人出聲抗議。

一九八〇年代末，有位重要的蘇聯新聞記者前往美國參加會議。在那個絕望的物資短缺年代，他帶了一長串購物清單，列出帶給朋友和家人所需的一切。在他僅有的空閒週末，接待他的主人卻把他從波士頓匆匆帶往佛蒙特州郊外。他勃然大怒，想著所有他需要採買的物品。他反覆安撫自己沿路上可以買到想買的一切，仍無法使他冷靜下來，畢竟他曉得鄉下是怎麼一回事。當他被引進一間購物商場，買到清單上的一切物品，他大感震驚。他曉得美國城市裡的商品比蘇聯時代的城市齊全得多，可是他以為所有地方的村莊應該大同小異。當他見識過美國鄉間，他絕望地做出結論，認為自己的國家永遠追趕不上。

距離車里雅賓斯克市三十分鐘車程，五座昔日的國家農場經理看到機會來臨，儘管困難重重。他們決心靠自己打拚，成為個體農夫。他們有德國血統，跟車里雅賓斯克的許多村莊居民一樣。數個世紀以前他們的祖先受到哄騙來俄國，可是第二次世界大戰爆發後，他們被視為潛在間諜，要不是被逮捕、就是強迫重新安置至遠離前線之地。蘇聯不復存在後，這五個農夫不想遷出俄國，不過他們的確善用了德國政府提供給其俄國親人的培訓計畫，花了幾個月在歐洲的農場工作。回到車里雅賓斯克後，他們希望能複製在西方的所見所聞。

此地土壤色澤不尋常地深且富饒──屬於俄國的「黑土區」──但是生長季節短暫，降雨比歐洲人享有的更不確定許多。那是俄羅斯與生俱來的詛咒。沒把最好的氣候條件贈與最好的土地，就跟所有地方一樣，天氣變化不可預期。農人們必須從零開始，除了知識、決心和夢想，他們一無所有。回到車里雅賓斯克的第一年，眼看條件類似的其他農夫多半失敗收場，他們明瞭不可能單憑己力生存下來，於是他們合夥耕種。

二十年後，他們共同創立的伊林卡農場（Ilinka）存續至今。一點一滴，這群農人買下或租用荒廢土地。田地已迅速轉變成新生林地，處處有樹木抽出新芽，所以需要大批人力將土地回復成農用原貌。他們無法取得施種穀物的足夠土地，而且沒有設備，於是先生產蔬菜。他們建立灌溉渠道，他們把賺取的所有金錢回頭用在土地上。他們打造簡單的倉儲設施，於是不必將剛採收的物產低價售出。歐洲經驗教會他們如何應對市場，然而儘管景況不好，卻持續遭到貪汙冷血官員的壓榨。最終他們有能力購買品質改善的俄國拖拉機，要價僅是進口貨的好幾分之一。其他國產設備也變得可供選購，使農場支出減少。問及還有什麼物品需要從國外買，伊林卡農場負責人阿列克塞・利普（Aleksei Lipp）毫不遲疑地回答：「聯合收割機和種子。」利普說只要禁止種子銷售，西方就能一夜之間嚴重打擊俄國。

考量到車里雅賓斯克的多變天氣，利普購買政府背書的保險。有年春天，他的田地被洪水淹沒。一英尺高的文件疊在桌上，他說，那是他為此得到的所有。證明損失是不可能的事，而且利普指出保險方案只是另一場騙局，讓政府官員賺錢的一種手段。他說他應該放聰明點，把浪費掉的錢回頭投入農場。利普再也不買政府保險。

明白這一切的代價，阿列克塞・利普說他絕對不會再嘗試做農夫，他也不想要小孩繼承衣缽。可是無論好壞，他已經身在其中。他跟合夥人最近把農場賣給一個大型農業公司，如今再次成為雇員。這是取得擴展所需資金的唯一辦法。現在伊林卡農場可以供貨給更有眼光的群眾，他們不願再買沾滿爛泥的蔬菜。農場購買清洗和包裝蔬菜的設備，並且計劃創立自有品牌。問到小規模卻逐漸興起的有機蔬菜需求，利普大笑說：「我們還沒錢買肥料，所以你可以說我們原本就是有機蔬菜。」

這群農人計劃將他們的經驗轉變成新的生意。他們要踏進資訊科技領域：希望把這一區掙扎求生的農人連結在一起，提供協助開發、管理所需的服務，從取得租用設備到法律協助、財務和行銷無所不包——他們所欠缺的一切。

俄國農業正從一九九〇年代的廢墟中緩慢崛起。土地購買管制已放寬。前任州長米哈伊爾．尤雷維奇（Mikhail Yurevich），令人費解地成為一間前國營義大利麵工廠業主，在更肥沃的南方地區撈得數千畝土地，以俄國「通心麵之王」的名號賺進大筆財富。現今俄國再次成為穀物出口國，儘管產量不定且不可靠。每畝產量仍然比西方低許多，且受乾旱或洪水影響。政府一再干預大規模的出口交易，實行限制以保護國內供應量與價格，損害的是穀物農民的利益。耕作者是不快樂的選民，像伊林卡那樣的蔬菜農場亦然。由於普丁對歐洲商品的制裁，他們銷售農產品的收入高了許多，但是投入的成本和貸款水漲船高，充其量兩兩相抵。

對於供應國內市場農產品的農民，政府突然承諾各種誘因和補助，把近期對西方進口產品的禁令稱為「俄國農業的黃金時機」。伴隨著減少對進口產品依賴的許多承諾，克里姆林宮希望在二〇二〇年之前使國內食糧自給自足。由於政府預算緊縮，農民說補助來得太晚或全無蹤影。他們提出警告，長期而言提高生產量等於要持續補助。

有項挑戰吸引農學專家和獸醫加入，他們得願意在仍然落後的條件下生活。政府承諾供應建築材料，好讓像伊林卡那樣的農場能建造所需的合宜房舍，供專業人員居住。所有的議題當中，最大的一個是找到懂得操作和維修農業機具的農工，而且不會還沒酒醒就來上工。俄國年輕人不想從事低薪且工時長的工作，跑去鄰近城鎮覓職，幾乎任何一份工作的報酬都比較高。在客觀條件下俄國是個人口稀少的國家，所以他們能找到農場工人以外的工作選項，無論條件多普通。

伊林卡和其他農場必須仰賴塔吉克人和烏茲別克人——來自前蘇聯最貧窮共和國的便宜移工。然而非俄國裔的外國勞工限額愈來愈緊縮，尤其是來自穆斯林為主的共和國勞工。距離阿列克塞·利普和伊林卡農場不到數英里外，中國移民開了間商店，把好幾畝荒地變成簡陋溫室，以粗糙木板和塑膠布搭就，利用夏季栽種番茄和小黃瓜。根據他們的俄國鄰居所說，這群中國農人不顧一切法規，在固定季節住進溫室，無視管制砍劈木材，而且用水不付錢。

中國農人一年來六個月，他們樂意從滿洲地區搭上擁擠火車廂，穿越西伯利亞遠道而來。這條通往經濟機會的長途跋涉，近似於前來加州的無數墨西哥人。他們的收入比待在家鄉好上許多，而且靠著他們的溫室，賺得也比若是受雇於俄國農場來得多。找不到勞力的本地農人，對此不公平競爭提出抗議。有位車里雅賓斯克農業部的代表陪著我走訪一天，並不否認中國人在法治管轄外工作，可是沒能解釋原因。把貪汙考量進去，原因不證自明。而今俄國對中國的依賴愈來愈深，成為西方的替代選項，中國人將得到更多寬容是可預期的，只是並非本地人的諒解。

當俄國媒體報導常警示中國人正在奪取俄國的遠東地區，而這群中國人僅僅代表俄國移民人口的一小部分。一位車里雅賓斯克的成功商人，從幾年前只有一家餐廳發展至今，他說農民或許按季節來到此地，但是他新開的鞋店和家具工廠再也無法吸引中國工程師或有經驗的勞工，因為他們留在中國能賺得更多——關於俄國經濟深具說服力的一個事實。

繼續踏上旅程，我往車里雅賓斯克南方開了兩小時，在一個冬季的星期天穿越綿延數英里的白樺樹森林。路途令人暈眩，因為光影在黑白相間的樹皮上跳躍閃爍，像不斷振盪的閃光燈。我與一位「外國代表」有約。尤里．古爾曼（Yuri Gurman）是本地社運人士，他被掛上如此稱號，連帶所有負面指涉，原因是他曾經擔任 Golos（投票）組織的負責人，靠外國資金來監督選舉。他所在的當地分部已不再獲得國外資金，可是他仍然常在本地媒體裡被指為間諜和叛徒。

通往柯木提尼諾（Khomutinino）的主要道路鋪得出乎意料的好，可是我一到村子裡，路面隨即轉為泥濘。村莊是舊日的集體農場，有更多的單層樓水泥屋和地上的天然氣管線，第一眼看去無甚可觀，除了一間新的木造東正教會教堂，興建於一九三七年遭拆毀的舊址基地上。有位年長婦人站在外頭，為了抵禦寒風裹得厚實，顯然在等待某個人。我們在彼此身旁跳動保暖。我在等尤里，可是他要看顧一個新生兒和一個年幼兒子，於是由他母親代替前來。我們終於相認後，她從口袋裡拿出一把巨大鑰匙，打開教堂的門，眼前是簡單的原木裝潢，聖像掛在松木牆面上。有些物品是新的，其他是趕在舊教堂拆毀前搶救出來，在村民家裡受到愛惜保護數十年。與都市教堂的拘謹和閃亮鍍金形成分明對比，這所教堂的氣氛溫馨宜人。以前神父和他的家人住在隔壁的舊學校裡。學校已成牆壁剝落、濕氣逼人的頹圮房舍，在他監督教堂工事時暫作臨時教堂和神父一家人的住所。此後他繼續前往另一個社區，不過盡可能來訪舉行禮拜。

尤里的母親餵了幾隻東正教堂的貓，接著我們朝這家人的房子走去，在這冷冽冬日益加彰顯吸引力。那棟房屋精心混搭了蘇維埃式水泥、金屬廢料、回收木材與想像力。如今多數房屋因安全和隱私緣故不得不設立的圍牆後方，在一小塊庭院裡是烤肉窯、果樹、以塑料包覆的造型新奇魚塘，以及上個夏季所剩無幾的花園。驕傲且帶點鬼祟神情介紹為「美國撞球桌」的物品——這故事留待他日再述——占據門廳入口，是村莊裡小伙子能找樂子的少數去處。起居室裡有幾張床鋪靠牆擺放，一座「自釀酒」存貨充足的吧台，還有一大張餐桌，放滿餃子、甜菜根泥、鹹魚，以及我一再聽說跟伏特加很搭的肥肉薄片。然而此種名為Sala的肥肉，是唯一一種我還未能領略滋味的俄國菜色。

放年幼兒子去玩樂高積木之後，尤里終於加入他的家人和當地朋友。他在這裡長大，並且正在思索吸引投資的方法，好讓擁有一千五百人的社區存續下去。他聯合想對發展方向爭取更大發言權的小城鎮，組成一個協會。當前剛愎自用的情況不可勝數。舉例來說，區域政府最近決定柯木提尼諾村需要擴建學校，即使村裡的小孩人數愈來愈少。有些人能因此獲利，而對象絕非社區。用來重建社區中心的經費，卻被地方政府挪去興建辦公室。村莊裡沒有地方舉辦社區活動。我連一間店或一家咖啡館都見不到。

尤里取得幾位村鎮長的連署信，要求更明確、更可預期的預算程序，且考量地方官員對經費使用的意見。區域政府隨即加以批評，接著大多數村鎮長立刻跟這封信保持距離，惟恐政治生命受到影響。

大選逼近時，普丁政黨的成員從區域首府前來參訪，威脅選民假如不投給克里姆林宮的政黨，將會斬斷所有資金。尤里參加競選，儘管廣受汙衊為美國間諜，他還是贏得百分之三十六的選票。

村子在一九九〇年代遭到掠奪。農場主管拒絕依照規定將土地分給集體耕作者，並且逃過懲處。此後農場私有化，本地人在新成立卻營運不佳的乳品牧場工作，月薪低於一百美元。牧場處於負債。本地有一間療養院，多半收容領取國家津貼的病患，他們在中風和心臟病發後來此復健。這座療養院也不顧道義地私有化，且因經營不善同樣陷於負債。很難在這座不光采的村莊看見旅遊勝地展望之際，尤里希望村民能把自己家變成民宿，供應當地農產品、家庭料理和村莊生活體驗。村莊缺乏魅力，而周邊的白樺木與松樹森林和三個湖泊，每處都有一座採礦區，有潛力改建成醫療和娛樂用地。假如尤里不支持的烏克蘭冒險行動有任何好處，那可能是國內遊客的增長。然而一如既往，這個區域因汙染和蘇維埃式設施得來的名聲，起不了什麼幫助。

尤里的決心依然堅定，不過從車里雅賓斯克市搬來幫他完成計畫的一位朋友放棄了。伊黎娜・德馬諾娃（Irina Durmanova）曾是一位新聞記者，她說自己盡了一切努力激勵本地人挺身而出，爭取他們理應得到且需要的事物，然而幾個年頭過去，她得到的結論是他們聽不進去。「他們依舊十分被動。」她說。「我試圖對人們說你們是真正的主人，可是他們不了解。他們仍然是農奴，不懂身為一位公民且擁有權利是怎麼回事。」然而尤里說情況不會比現在更壞了。他認為人們不肯覺醒真是糟糕至極。

假如你再繼續往南開，朝哈薩克共和國邊界行去，白樺樹小林子消失無蹤，而村莊和小鎮變得愈來愈遺世孤立。眼前景象轉成一片壯闊起伏的草原，由此前去，即蘇聯時代稱為處女地的遼闊原野。在一九五〇和六〇年代，未謀得工廠職位的本國年輕人被送往此地定居，耕種成千上萬畝的土地。大多數人未經農業訓練，商人羅曼[1]的父母前來此地白手起家。從一開始住在防空洞和帳棚裡，他們建造出村莊，憑藉不足的資源辛勤開發土地，並且眼睜睜地看著由於未能採取抗侵蝕措施，導致數以百萬噸的土壤就這麼隨風揚逝。到了一九九〇年代晚期，補助終止且別處有機會伸手召喚，像羅曼這樣的年輕人離開小鎮發展，而大多數留下來的人無處可去。

我在車里雅賓斯克一所大學認識的學生裡，有一位來自這片邊疆。她也從沒打算回去。薩夏的金色長髮辮垂在肩頭，夠格擔當代表俄羅斯的海報人物。現在她在城市裡眾多語言學校的其中一間教英文、法文和義大利文。她在義大利待過一個學期。她想讓我見見她的父親，顯然是一位受她尊崇的人。我不確定該懷抱何種期待，不過既然她一心要我們見面，加上她有過在海外生活的經驗，我想他或許跟女兒截然不同。

我們三人在一家咖啡廳碰面。女兒已撤往城市，而亞歷山大．謝列茲尼奧夫（Alexander Seleznyov）仍然住在克茲爾（Kizil），在車里雅賓斯克南方五小時車程處，他在那裡開設一間成功的營建公司。賺了些錢且生意穩定，他希望孩子能接班（即使他們不想留在克茲爾），因為他想回頭投入公共服務。

亞歷山大有一張俄羅斯人的結實方臉，雙眼是冷冽的藍。他對於跟一個美國人見面感到好奇，並且不斷拍照，但是他顯然對我存疑。他很快就說自己不討厭美國人民，可是他相信美國政府正在破壞他的國家。他曾是一位優秀的共產黨員，在狂暴的一九八〇年代成年，現年五十二歲。他的兩個孩子出生於九〇年代，要拿什麼來餵養家庭，當時的他毫無概念。他絕對不想見到祖國再次落入如此貧窮衰弱的境地。

他支持普丁及其讓俄國更壯大的展望。他相信針對俄國的制裁會讓他的國家更好。「多謝你們，」他說，「制裁會讓我們的農業更健全。」他把俄國的毒品問題怪在西方頭上，在他住的地區情況嚴重，一路緊鄰中亞的鬆懈邊防。跟其他許多俄國人相似，他認為美國在占領阿富汗期間蓄意鼓勵鴉片生產，使俄國人積弱不振。對於史達林的批評使他發怒，他堅稱史達林是「當下」需要的人。關於肅清，他說史達林並未親手殺任何一人。「他使國家重獲新生，並且變得更強大。」他說。「我們現在擁有的一切都踩在史達林的成就上，」他又補充，「少了普丁我們什麼都不是。」

曾為忠誠的共產黨員，仍舊是個史達林擁護者，在那之後他受洗為教徒。他也確保自己的孩子受洗。女兒主修外文且赴歐讀書時，他旁觀並給與支持。而今他們父女倆都支持普丁採取對峙與孤立的政策。

1 羅曼在第六章和第十一章出現過，他是一位溫室塑膠門板製造商。

＊＊＊

從亞歷山大說的一切，我得到的印象是他想解決不可能的難題。亞歷山大崇拜普丁及其垂直權力結構，而言論自由受限並不使他擔憂。不過他了解他居住的車里雅賓斯克小鎮需要獲得賦權，才能替地方上設想，決定地方上想要與需要什麼，抵制貪腐，取回數千美元由於無能而從未催繳的欠稅，在需要的時刻挑戰地區上的普丁信徒，並且制止貪汙行徑、逼迫商人為政府不付的款項埋單。他欣然坦承一般的企業缺少「保護」並仰賴政府的承包合約與人脈，按例被迫付出大筆金錢，負擔本應由稅收給付的地方社會服務。

實質上亞歷山大談論的是法治。假如法治較為健全，他說，本地商業將會成長且以合宜的薪水雇用更多員工。他想將本區的農業現代化，也知道該做哪些事來強化農場、打造倉儲設施並改善行銷。對於許多迫切的經濟和社會議題，他完全同意我們在這些書頁裡見過的許多人……商人羅曼、北方伊林卡農場的創業農人們、遭遇重重阻礙的李賓醫師，甚至是異議新聞記者伊黎娜．岡達瑞娃和「叛徒」尤里．古爾曼。可是一提到民主的定義，或者俄國面臨的威脅以及該在世界上身處的位置，他完全不算是改革人士。他對普丁感到驕傲，而在他與擔憂國家現行路線的那群人之間，有著跨越不了的分歧。

第十八章　紅色警戒線

車里雅賓斯克不再是一座蘇維埃城市般的與世隔離，而在如此短暫時間裡發生的改變極為劇烈。許多改變是往好的方向去。貧富差距或許鮮明，不過眾所周知，此種差距絕非後蘇聯時期的獨特現象。當俄國人開始更常旅行並獲取資訊，他們已得知國內的許多缺點在別處是常見的景況，其中包括美國。如今大多數人生活得比他們在葉爾欽時代想望得更好，更別提蘇聯時代。

而即使生活條件改善與消費商品充足，許多人感覺欠缺了什麼。簡單來說，對於國家該如何鑲嵌進總體全球架構，俄國人面臨一股認同危機。一九一七年是最後一次俄國仍為俄國。就許多方面來說，蘇維埃認同是種虛假的概念，但是它存續很長一段時間，而到了蘇聯解體之際，誰明白俄羅斯是什麼、或者俄羅斯代表什麼？結果揭曉，「俄羅斯」並不全然是擁抱民主熱愛自由，如同蘇聯解體時某些人所設想。接著這個國家承受了一九九〇年代的創傷，當時拚搏求生或許使認同問題擱置一旁。如今各領域皆竭力探尋，在二十一世紀當個「俄國人」代表的定義。

受到烏克蘭危機、歐洲制裁和油價下跌影響，俄國的日常生活最近產生惡劣變化。起初樂見普丁併吞克里米亞、以及隨後他在烏克蘭東部所採取大膽行徑的歡快心情，已轉變成生活在圍城裡的沮喪無助。在車里雅賓斯克，如今「出租」牌告安插在基羅夫卡步行街的鵝卵石路面上，那正是我在二〇一二年深秋某個明亮日子散步之處。曾在城市商場裡一再擴展分店的外國品牌正縮減規模。餐廳奮力苦撐。專攻國外低價團的旅行社關門大吉，因為沒太多人負擔得起盧布兌換美元的匯率，比過去幾年翻漲不只一倍。存活下來的公司推廣國內旅遊，但是本地遊樂設施還有段長路要走，才能達到遊客已習於享受的品質。即使新近奪得的克里米亞，出了名的陽光普照海灘遊人漸減。那條路線或許比較便宜，而且或許屬於「我們」，可是截斷了烏克蘭原有物資供應的克里米亞，常陷入停電與食糧短缺。

許多人說過，在普丁治理下歷經超過十年的穩定與生活條件改善，才剛獲得寬裕生活的俄國人不會靜靜接受這種種困境。然而制裁如今造成西方企求的反向結果：眾多俄國人只變得更堅定地圍繞在普丁身邊。我的朋友雅科夫過去是醫生、後來轉職成為一位資訊工程師，曾享受每年一、兩次不算昂貴的國外旅遊，造訪他擁有的許多國外友人。現在他只負擔得起到莫斯科玩一趟。他不是普丁支持者，他也不打算走上街頭。他正考慮移民。

***

如果想持續掌權，有什麼是普丁政權不能做的事？評論者分析俄國及其未來選項時，提出許多具爭議且令人困惑的紅色警戒線。

當我詢問車里雅賓斯克偏向「自由派」的朋友，普丁總統應該要對哪些領域戒慎恐懼，有些人首先提及「網路」。他們相信，並保持某種程度的希望，認為在網路上遂行打壓的政府，將會鼓動原本漠然的年輕人投入反對陣營。但是克里姆林宮聰明地讓網路相對開放，即使政府監控並恫嚇在他們眼中具有嚴重威脅的人。「目前為止，」我的朋友群論斷，「網路大致沒問題。」

同時，對反對聲浪的威嚇採取選擇性實行。可能來自官方，利用服從的法院或涵蓋範圍擴張的新設「極端主義」法條，不過也可能來自網站或電話傳遞的匿名警告，用故弄玄虛的嗓音譴責恫嚇目標為「第五縱隊分子」[1]或「叛徒」，有時補上一句不祥預言：「我們將你判刑了」。為了使人加倍疑心威脅若非由官方發動，且至少受官方容許，報案通常受到保安機構忽視。

反對人士感受到的孤立沮喪不比畏懼少，在車里雅賓斯克亦然。二〇一五年三月，數千人現身莫斯科哀悼反對領袖鮑里斯·涅姆佐夫遭人殺害。那是個因悲傷而聚集的群體，組成分子各異，並非為了任何行動的策略計畫而來。在同一個週末，諸如車里雅賓斯克等地方城市僅有一小群人聚集。一位車里雅賓斯克的記者L曾參與反對抗議，如今卻選擇待在家裡，除恐懼之外，原因更多來自一股完全沒有作用之感。她曾目睹反對人士被擊垮且自我毀滅，她也看著她的朋友和家人「圈子」彼此對立，原因出自她口中的「普丁在烏克蘭的犯罪行動」。她說，曾對基本人權抱持相同看法並揮別過去的人們，如今對她口中俄國非法接管克里米亞的行徑叫好，這是詭異且令人稍感驚訝的情形。她補充，同樣詭異的是他們現在想獨立於歐洲共同體之外，而且厭倦了總是被教訓俄國該做什麼、又該如何去做。她說她只是在廚房裡發表看法就又被怪罪，一如蘇聯時期的異議分子。如同許多默默反對普丁政策的人，她用光了精力與希望。她在這場冷戰中靜靜守候。

鋼鐵廠員工尤拉·柯瓦克[2]曾眼睜睜看著薪水貶值百分之四十。即使如此，他仍舊尊崇普丁是一位強力領袖，他形塑中產階級、改善社會福利、使國家團結且重建俄國的自尊。「看看烏克蘭。」他說。「那裡絕對更加貪腐且分崩離析。」進一步追問時，他坦承自己害怕改變，一如他支持現任政府的程度。如同許多人，他看不到其他可靠人選，並且不希望葉爾欽時代的混亂和「無政府」局面重現。鮑里斯·涅姆佐夫遭殺害一事朝克里姆林宮投下石子，卻未在他家裡掀起多少漣漪。沒人為此慶賀，別誤會了，可是對他們來說，自葉爾欽時代躍居重要地位的涅姆佐夫，跟一九九〇年代的所有亂象連結在一起。在俄國內陸地區他早已失去民心。

＊＊＊

截至目前為止，普丁設法將國內問題的罪責成功轉到西方頭上。儘管如此，他面臨著艱困任務，試圖在維繫國內退休金、家庭與社會福利方案之際大幅提高軍事支出。雖然俄國人明白那些方案存在許多瑕疵，一般而言他們獲得一張可接受的安全網。這些方案是普丁治理的關鍵特點，然而繼續發放可能是一項不可能的任務。

同時，企圖填補安全網漏洞的許多非政府組織，其財務資助也面臨風險。由於對國外資金的新限制，非政府組織別無選擇，只好競爭數百萬美元所謂的總統補助金。這批款項有時

1 意指埋伏在一個群體中的破壞分子。出自西班牙內戰時期，傳聞國民軍派遣第五縱隊到馬德里城中做內應，雖然可能並非屬實，此後第五縱隊的說法流傳下來，海明威也曾用來當成劇本題名《第五縱隊與四十九個故事》。

2 見第三章。

會撥給非克里姆林宮親善的組織，在車里雅賓斯克和別處都是。有些人主張政府此項舉動令人存疑，一方面聽信且對獨立意見表現得公平無私，同時卻打壓那些可能構成嚴正挑戰者。無論如何，政府如今表示再也負擔不起資助任何非政府組織。

國內問題加深之際，分化的莫斯科反對團體彼此鬥爭，有時還譴責不支持他們的那些人「愚昧無知」。車里雅賓斯克的律師奧嘉反擊此種界定，拒絕接受自己只是被國營電視催眠的「殭屍」此種概念。她英語流利。她閱讀的網路文章範圍寬廣。她反對普丁拒絕承認有俄國軍隊在烏克蘭打仗一事，但是她不反對俄國對當地的干預。正因制裁付出嚴峻代價的同時，她預期俄國到頭來將變得更強硬：「俄國正試著促進國內生產，而這會是一段漫長歷程，可是每個人都對此有所了解，而且我們準備好等待。」

＊＊＊

隕石撞擊車里雅賓斯克時，先在天空中劃出一道光燄，噴發尖銳碎片，接著靜靜沉入湖底。許多人希望蘇聯解體能與此相仿。結局是一個順服的俄國，如同安置於車里雅賓斯克博物館的隕石那樣無害，但這並未發生。碎片持續浮出水面，而它們掀起的波瀾，在遼闊遠處仍能察覺到。

誌謝

近四十年對前蘇聯與現今獨立俄國的報導，累積而成這本書。如果少了特派員同儕的友誼，以及那麼多對我敞開大門分享故事俄國人的勇氣，我無法完成此書。

一九九三年首次踏足車里雅賓斯克時，結交外國人的恐懼正在減緩，然而警告再次逆襲。除了在書中寫出名字的那些人之外，還有另外數十個希望保持匿名的貢獻者。他們知道自己是誰。謝謝你們大家。

在美國曾多方出力的許多人之中，Alfred Friendly、Loren Jenkins、Doug Roberts、John Felton、David Johnson、Elizabeth Becker、Janne Nolan、Kate Brown、Deborah Willis、Dorothy Wickenden、Teeny Zimmer-mann、Phil Reeves、Ann Cooper、Matthew Bunn、Nick Roth、Holley Atkinson 和 Amy Bernstein 是其中幾位。

俄國還沒躍上新聞版面之時，Farrar, Straus and Giroux 出版社的發行人 Jonathan Galassi 就決定對這本書放手一搏。我的編輯 Alex Star 耐心協助將這本書淬鍊成形。任何缺失是我個人的責任。Mark Fowler 在法律細節上給與親切指導。

一九八〇年代，當我在蘇聯是個不受歡迎的人物時，我問我未來的丈夫 Vint Lawrence，有一天是否願意跟我重返俄國。當時那似乎是個荒謬的請求，而他大膽同意了，沒怎麼預料到他或許得實現這項承諾。接著呢，蘇聯解體了，我又一次獲得簽證。Vint 信守承諾，一九九〇年代我因工作重回俄國時他與我隨行。隨後，他支持我回訪車里雅賓斯克的多趟長期旅行。這本書獻給他。

【Eureka】ME2083

普丁的國家：揭露俄羅斯真實面紗的採訪實錄

Putin Country: A Journey into the Real Russia

作　　者❖安娜．葛瑞兒（Anne Garrels）
譯　　者❖楊芩雯
封面設計❖陳文德
排　　版❖木木
校　　對❖魏秋綢
總 編 輯❖郭寶秀
特約編輯❖林靜芸
責任編輯❖邱建智
行銷業務❖力宏勳

發 行 人❖凃玉雲
出　　版❖馬可孛羅文化
10483臺北市中山區民生東路二段141號5樓
電話：(886)2-25007696
發　　行❖英屬蓋曼群島商家庭傳媒股份有限公司城邦分公司
10483臺北市中山區民生東路二段141號11樓
客服服務專線：(886)2-25007718；25007719
24小時傳真專線：(886)2-25001990；25001991
服務時間：週一至週五9:00～12:00；13:00～17:00
劃撥帳號：19863813　戶名：書虫股份有限公司
讀者服務信箱：service@readingclub.com.tw
香港發行所❖城邦（香港）出版集團有限公司
香港灣仔駱克道193號東超商業中心1樓
電話：(852)25086231　傳真：(852)25789337
E-mail：hkcite@biznetvigator.com
馬新發行所❖城邦（馬新）出版集團
Cite (M) Sdn. Bhd.(458372U)
41, Jalan Radin Anum, Bandar Baru Seri Petaling,
57000 Kuala Lumpur, Malaysia
電話：(603)90578822　傳真：(603)90576622
E-mail：services@cite.com.my
輸出印刷❖中原造像股份有限公司
初版一刷❖2017年4月
初版三刷❖2022年4月
定　　價❖340元

ISBN：978-986-94438-0-7（平裝）

城邦讀書花園
www.cite.com.tw

國家圖書館出版品預行編目資料

普丁的國家：揭露俄羅斯真實面紗的採訪實錄
／安娜．葛瑞兒（Anne Garrels）著；楊芩雯譯.
-- 初版. -- 臺北市：馬可孛羅文化出版：家庭傳
媒城邦分公司發行, 2017.04
　面；　公分. --（Eureka；ME2083）
譯自：Putin country : a journey into the real Russia
ISBN 978-986-94438-0-7（平裝）

1.政治　2.俄國

574.48　　106002089